Monika Niederle

Kinderängste verstehen

HERDER spektrum
Band 4821

Das Buch

Verlustängste, Trennungsängste, Versagensängste, Verlassenheitsängste können Kindern und Eltern das Leben schwer machen. Der Autorin dieses Buches ist es ein Anliegen, Eltern zu zeigen, wie Kinderängste entstehen können und welche Ausdrucksformen Kinder dafür finden. Anhand ausgewählter Beispiele aus der Praxis sensibilisieren sie Eltern für die vielfältigen Ursachen und Entstehenshintergründe von Kinderängsten. Eine konsequente Erziehung zu Sicherheit und Selbstvertrauen, so zeigt die Autorin, ist der beste Schutz vor unkontrollierbaren Ängsten. Nur im Spüren der eigenen Fähigkeiten und Kräfte können Kinder die Sicherheit entwickeln, die sie für alle Angstsituationen brauchen. Die Autorin geht auch auf besonders ängstigende Lebenssituationen ein wie zum Beispiel die Scheidung der Eltern oder der Tod eines lieben Tieres oder Menschen. – Eine Basislektüre für alle Eltern, die ihnen Sicherheit gibt, mit den Ängsten der Kinder richtig umzugehen.

Die Autorin

Monika Niederle, geboren 1951 in Wien, Studium der Medizin, Pädagogik und Psychologie; Supervisions- und psychoanalytische Therapieausbildung. Ist als Sozialpädagogin und Supervisorin in einer Beratungsstelle des Jugendamtes tätig.

Monika Niederle

Kinderängste verstehen

Eltern geben Mut und Sicherheit

Herder

Freiburg · Basel · Wien

Gedruckt auf umweltfreundlichem,
chlorfrei gebleichtem Papier

3. Auflage

Alle Rechte vorbehalten – Printed in Germany
© Verlag Herder Freiburg im Breisgau 2000
Satz: Fotosetzerei G. Scheydecker, Freiburg i. Br.
Herstellung: fgb · freiburger graphische betriebe 2001
www.fgb.de
Umschlaggestaltung und Konzeption:
R·M·E München / Roland Eschlbeck, Liana Tuchel
Umschlagmotiv: © Image Bank
ISBN 3-451-04821-3

Inhalt

Einleitung

Angst haben wir alle. Sie gehört zu unserem Leben. Wie wir damit umgehen, ist allerdings entscheidend für unser Wohlbefinden und unseren Erfolg in der Schule und später im Beruf. Wenn es uns gelingt, Angstsituationen zu bewältigen, fühlen wir uns stark und erfolgreich. Bewältigte Angst ist ein Motor für neue Aktivitäten. Unbewältigte Angst hindert uns an einer glücklichen Lebensführung. Angst ist notwendig als Schutzfunktion, die uns Gefahrensituationen meiden läßt.

Angstbewältigung ist so wichtig, daß wir sogar Spiele, Freizeit- und Sportaktivitäten darauf aufbauen. Ein einfaches Beispiel: ein Vergnügungspark. Dort bezahlt man Geld dafür, ein paar Minuten Angst erleben und überleben zu dürfen. Für wenig Geld kann man das Wissen kaufen: „Ich bin stärker als die Angst."

Angst zu bewältigen, macht stark. Wir alle begeben uns immer wieder freiwillig in Situationen, die Angst machen und Unbehagen erzeugen. Wir schauen uns Krimis, Horror- und Science-Fiction-Filme an, wir fahren in Vergnügungsparks mit Geräten, die uns den Boden unter den Füßen wegziehen, die uns in die Luft schleudern und wieder fallen lassen, wir stehen kopf, wir lassen uns in Geisterbahnen durchgruseln. Wir bezahlen Geld dafür, daß wir Angst haben dürfen. Das Wesentlichste daran ist die Tatsache, daß wir aus diesen Angstsituationen als Sieger aussteigen, daß wir uns selbst unseren Mut beweisen können.

Angst hat nicht nur negative Aspekte, sie bedeutet nicht nur Belastung im Leben. Angst ist auch der Motor für viele Aktivitäten, einer der Gründe, warum Menschen forschen, entdecken und erfinden. Hätten Menschen keine Angst vor Gewittern, hätte niemand den Blitzableiter erfunden, würden wir den Tod nicht fürchten, gäbe es wenig Motivation, das Leben zu verlängern, neue Medikamente, neue technische Hilfen, sicherere Autos und vieles mehr zu erforschen und zu erfinden. Nur wer Trauer empfinden kann, ist auch fähig zu einem Gefühl tiefer Freude und großen Glücks. Nur wer Angst hat, kann Geborgenheit und Sicherheit schätzen lernen.

Das Leben hält für alle Menschen Situationen bereit, die angst machen. Unterschiedlich ist nur der Umgang mit der Angst. Sie kann der erste Schritt hin zu einem sehr positiven Gefühl sein. Ein Kind, das sich ängstigt, versucht dieser Situation zu entgehen, indem es Schutz sucht bei den Eltern. Es wird die Geborgenheit doppelt genießen, wenn es vorher das Gegenteil, die Angst, erlebt hat. Das Kind muß sich allerdings der Zuwendung der Eltern sicher sein können, dann wird dieses Stückchen Angst der Grundstein für ein neues Stück Sicherheit sein, wenn es immer wieder die Erfahrung macht: „Egal, was passiert, meine Eltern sind da, sie trösten mich und helfen mir."

Wenn ein Kind aber ständig alleingelassen wird mit der Angst, dann wird es sich immer tiefer darin verstricken, und immer mehr Situationen, auch solche, die es früher angstfrei erleben konnte, werden ihm angst machen. Zur Angst fehlt der Gegenpol: Sicherheit, Geborgenheit, Mut.

Auch Kinder beweisen sich selbst ihren Mut, indem sie sich bewußt in gefährliche oder ängstigende Situationen begeben. Ein recht häufig bei kleineren Kindern zu beobachtendes Spiel ist, allein ins dunkle Zimmer zu gehen. Um sich selbst zu beweisen, daß sie keine Angst haben, pflegen Kinder dabei zu singen, laut zu reden oder zu pfeifen. Dieses Verhalten ist übrigens auch bei Erwachsenen zu bemerken, wenn sie zum Beispiel laut pfeifend durch den finsteren Wald gehen.

Schon beim Neugeborenen werden die ersten Weichen dafür gestellt, ob ein Mensch später seine Ängste bewältigen kann oder ob er ständig von ihnen gequält sein wird.

Oft wird Angst von allen Beteiligten nicht als solche wahrgenommen. Daß aggressive Kinder viel mehr unter Angst leiden als die braven, stillen, die sich nicht zu widersprechen getrauen, ist vielen Eltern und Lehrern nicht bewußt. Daher wird nichts gegen die Angst solcher Kinder unternommen, vielmehr wird versucht, ihnen dieses einzige Mittel wegzunehmen, das sie haben, um ihre Ängste auszuhalten.

Angst wird sehr häufig als Erziehungsmittel verwendet, und zwar von Menschen aus allen Gesellschaftsschichten, von solchen mit wenig Schulbildung ebenso wie von Akademikern. Letztere verwenden nur subtilere Mittel, um ihren Kindern angst zu machen. Diese Mittel machen nicht weniger angst, sie hinterlassen nur keine blauen Flecken.

Die in den Kapiteln angeführten Fallbeispiele sind nicht erfunden, sie stammen alle aus meiner langjährigen Praxis, auch die Extrembeispiele. Selbstverständlich wurde die Anonymität der Betroffenen gewahrt. Diese Extremfälle aus meiner Praxis schildern die Auswirkungen der in der frühesten Kindheit erworbenen Ängste deutlich. Solche Kinder leben mitten unter uns, sie besuchen die gleichen Schulklassen wie die anderen Kinder, den gleichen Kindergarten. Dadurch kann jeder von uns mit ihnen konfrontiert sein, wenn zum Beispiel das eigene Kind Opfer eines Aggressionsausbruches wird. Selbstverständlich sollen Eltern grundsätzlich ihr Kind schützen. Einem sehr aggressiven, das heißt einem sehr ängstlichen Kind mit ein wenig Verständnis zu begegnen, heißt aber nicht zwangsläufig, dem eigenen Kind Schutz und Hilfe zu versagen, vielmehr könnte der aggressionsfreie Umgang mit einem aggressiven Klassenkameraden der wichtigste Schritt zur Hilfe für das eigene Kind werden.

Einige Beispiel stammen aus meinem privaten Umfeld. Ich erzähle von meinem jetzigen Adoptivsohn, der während der ersten sechs Lebensjahre als Pflegesohn bei uns lebte, da die leiblichen Eltern sich nicht gemeinsam auf eine Adoptionsfreigabe einigen konnten. Stimmte der Vater zu, dann verweigerte die Mutter, war diese endlich doch einverstanden, dann sagte der Vater nein. Das Spiel zwischen den beiden dauerte sechs Jahre, ohne daß sie in dieser Zeit Kontakt zu Alexander hatten. Ich spreche in diesem Buch von Alexander als meinem Pflegesohn, wenn die Beispiele aus der Zeit vor der Adoption stammen. Trotz meiner langjährigen beruflichen Erfahrung konnte ich nirgend sonst so hautnah und permanent erleben, wie Ängste entstehen, aber auch, wie sie bewältigt werden können.

Die Ratschläge, die ich zu geben versuche, haben keine Allgemeingültigkeit. Jedes Kind ist anders, jedes Kind reagiert anders. Wer jedoch bereit ist, sich über sein Kind und dessen Entwicklung Gedanken zu machen, es als individuelle Persönlichkeit zu betrachten, dem wird es sicher gelingen, nur jene Ratschläge anzunehmen, die seinem Kind helfen.

Ich habe versucht zu verdeutlichen, wann Selbsthilfe

möglich ist und wann die Hilfe eines Therapeuten oder Arztes in Anspruch genommen werden sollte. Bei nicht eindeutigen Fällen empfehle ich, die Möglichkeit von Beratungsgesprächen, von Hilfsangeboten, wie Schule und Wohlfahrtseinrichtungen sie zahlreich zur Verfügung stellen, in Anspruch zu nehmen. Nicht jedes Kind, dessen Eltern sich beraten lassen, wird therapiert. Wenn sich aber im Gespräch herausstellt, daß therapeutische Hilfe angebracht ist, dann kann diese umso wirksamer sein, je früher sie einsetzt.

Entwicklungen im Säuglingsalter

Urvertrauen – Urangst

Für ein Neugeborenes heißt geboren werden zunächst einmal, die Geborgenheit der Höhle des Mutterleibes zu verlassen und in die Ungewißheit hinauszutreten. In totaler Abhängigkeit ist es seinen Eltern ausgeliefert. Keines der Bedürfnisse, mit denen es geboren ist, kann es ohne fremde Hilfe befriedigen.

In den ersten sechs Lebenswochen, *der postembryonalen Periode,* möchte ein Baby sein gewohntes Leben wie zuvor im Mutterleib fortsetzen, es möchte schlafen und satt sein, möchte Wärme und den vertrauten Herzrhythmus der Mutter fühlen. Wenn es gelingt, in diesem Zeitraum die Bedürfnisse eines Kindes möglichst vollständig zu befriedigen, ist einer der wichtigsten Grundsteine für Leben gelegt. Kinder, denen es vergönnt war, den wohlig angenehmen Zustand aus dem Mutterleib mit hinaus in die Welt zu nehmen, werden grundsätzlich, was später auch geschehen mag, dem Leben positiver gegenüberstehen als Menschen, die bereits in diesem frühen Alter ganz oder teilweise auf totale Bedürfnisbefriedigung verzichten mußten. Je größer das Urvertrauen eines Kindes ist, desto mehr wird es sich später selbst zutrauen, desto weniger Angst wird es entwickeln, desto leichter wird es ihm fallen, Situationen, die angst machen, zu bewältigen.

Neugeborene trennen noch nicht zwischen sich und der Umwelt, sie sind eins mit der Mutter. Wenn sie ausreichend Befriedigung ihrer Bedürfnisse erfahren, buchen sie dies als ihren persönlichen Erfolg, sie können mit sich zufrieden sein. Sie erwerben zum ersten Mal Vertrauen in sich und in die Umwelt. Vertrauen in sich selbst zu haben ist die Basis dafür, nicht vor jeder neuen Situation Angst zu haben.

Ein Kind, das die ersten Lebenswochen als befriedigend erlebt und Urvertrauen in die Umwelt entwickeln kann, wird diese erste Vertrauensbasis nie mehr verlieren. Es wird sich zutrauen, Aufgaben, die von den Eltern, von den Lehrern, im Beruf gestellt werden, zur Zufriedenheit der anderen und vor allem auch zur eigenen Zufriedenheit zu bewältigen. Es wird ebenso in der Lage sein, mit Fehlschlägen fertigzuwerden, es wird nicht sofort resignieren, wenn eine Sache nicht gleich gelingt, vielmehr wird es sich hoffnungsvoll neuen Lösungsstrategien zuwenden, so lange, bis es das gewünschte Ziel erreicht.

Ganz anders wird sich ein Kind entwickeln, um das sich die Mutter nicht ausreichend kümmert, das oft lange Zeit schreiend im Gitterbett liegt, ehe die Mutter zu ihm kommt. Der lange Jahre propagierte strikt einzuhaltende Eßrhythmus kann, wenn er ganz und gar den persönlichen Bedürfnissen des Neugeborenen widerspricht, ebenfalls negative Auswirkungen nach sich ziehen.

So wie ein Neugeborenes, dessen Bedürfnisse stets befriedigt werden, dies als seinen persönlichen Erfolg erlebt, so lange es noch nicht zwischen sich und der Mutter unterscheidet, so erlebt analog dazu ein Neugeborenes einen anhaltenden Unruhezustand als persönlichen Mißerfolg. Es erfährt sehr früh seine Unfähigkeit und Hilflosigkeit. Es entwickelt Angst – Urangst – statt Urvertrauen. Die einen Kinder begleitet ein Leben lang ihr Urvertrauen, die anderen ihre Urangst: Angst, nicht genug zu bekommen, Angst vor dem Alleinsein, Angst vor dem Versagen. Das Versagen der Mutter wird in den ersten Lebenswochen als eigenes Versagen erlebt. In der Schule, im Beruf wird ein solches Kind sich nichts zutrauen, es wird Aufgaben gar nicht erst zu lösen versuchen oder begonnene Aufgaben abbrechen, sobald sich Schwierigkeiten einstellen. Ergebnisse der Versagensangst werden tatsächliches Versagen und somit neue Angst und wieder neues Versagen sein.

Über das Schreien des Säuglings gingen die Meinungen der Fachleute im Laufe der letzten Jahrzehnte weit auseinander. Die einen plädierten für bedingungsloses Verwöhnen, die anderen traten dafür ein, einen gefütterten, gewickelten Säugling ruhig auch einmal eine Zeitlang schreien zu lassen, weil Schreien die Lungen kräftige. Außerdem gewöhne sich ein Kind sehr leicht an zuviel Aufmerksamkeit und wolle dann ständig herumgetragen werden. So pauschal ist diese Frage allerdings nicht zu beantworten.

Schreien hat in der postembryonalen Periode einen anderen Stellenwert als später. Ein Neugeborenes schreit noch nicht deshalb, weil es die Erfahrung gemacht hat, daß man die Mutter oder den Vater herbeiweinen kann, es tut lediglich kund, daß der Zustand der totalen Bedürfnisbefriedigung, den das Kind im Mutterbauch gewohnt war, nicht besteht. Es signalisiert Unbehagen. Ein Neugeborenes kann seine Triebwünsche noch nicht aufschieben. Um aufzuschieben, das heißt, ein wenig warten zu lernen, ohne dabei große Unlust zu empfinden, muß ein Säugling zuerst die totale Befriedigung seiner Bedürfnisse erleben. Es ist also in diesen ersten Lebenswochen für den Säugling ungeheuer wichtig, so weit wie möglich in einem Zustand der Zufriedenheit zu verharren.

Ein Neugeborenes weint nicht nur, wenn es hungrig oder durstig ist, wenn es naß ist, friert oder müde ist. Es kann durch sein Weinen auch signalisieren, daß es den vertrauten Geruch, den Herzrhythmus, die Stimme der Mutter vermißt. Mit Verwöhnen hat das gar nichts zu tun, wenn ein Neugeborenes aufgenommen wird, sobald es weint. Es hört nicht deshalb zu weinen auf, weil es seinen Willen durchgesetzt hat, sondern weil es einen Zustand genießt, den es vom Mutterbauch her gewöhnt ist. Es braucht noch eine Zeitlang den Herzschlag der Mutter, bis es sich langsam von der totalen Vertrautheit mit ihr lösen und sich dem eigenständigen Erleben der Umwelt widmen kann.

Es gibt jedoch Situationen, in denen die beste Mutter mit den besten Vorsätzen diese Funktion in den ersten Lebenswochen nicht wahrnehmen kann, etwa wenn bei der Geburt Komplikationen eingetreten sind oder wenn das Baby noch nicht ausgereift ist und einige Wochen in der Klinik bleiben muß. Ein solches Baby wird zunächst manches entbehren müssen und auch negative Erfahrungen ins Leben mitnehmen. Das bedeutet jedoch nicht, daß dieses Kind angstvoll und ohne Selbstvertrauen durchs Leben gehen muß. Versäumtes kann nachgeholt werden, wenngleich das Nachholen oft zeitaufwendig ist.

Ein sechs Wochen altes Frühgeborenes wird eher die Bedürfnisse eines Neugeborenen haben, während ein normal entwickelter sechs Wochen alter Säugling bereits beginnt, seine Umwelt wahrzunehmen und spezifische Reaktionen darauf zu setzen. Je früher die Möglichkeit besteht, versäumte Entwicklungsstufen nachzuholen, desto rascher und vollständiger kann nachgeholt werden. Ein Frühgeborenes, dessen Mutter sich täglich, auch im Krankenhaus um ihr Baby kümmert und das dann zu Hause einige Wochen wie ein Neugeborenes behandelt wird, hat bald die negativen Erfahrungen durch ein positives Lebensgefühl ersetzt. Es wird genau soviel Vertrauen in seine Umwelt haben wie ein Baby, das von Geburt an von der Mutter gepflegt wurde.

Große Bedeutung kommt in den ersten Lebenswochen dem Stillen zu. Jedes Kind profitiert für seine weitere Entwicklung von diesem engen Kontakt zur Mutter. Kinderärzte und Kinderpsychologen treten heute vehement dafür ein, Neugeborene zu stillen, und zwar immer dann, wenn diese danach verlangen.

Gesunde Kinder entwickeln sehr bald ihren eigenen Rhythmus. Frühgeborene, die im Spital bleiben müssen, können oft nicht gleich gestillt werden, da sie im Brutkasten liegen und/oder durch eine Sonde ernährt werden. Ihre Mütter können die Milch abpumpen und an die Kinderklinik bringen, und so bald wie möglich können Frühgeborene gestillt werden. So werden sie umso leichter und rascher nachholen, was sie in den ersten Lebenstagen oder -wochen an Mutternähe und damit verbundener Bedürfnisbefriedigung entbehrt haben.

Die ersten Lebenswochen eines Babys verlangen einer Mutter sehr viel ab. Noch müde von der Geburt, soll sie rund um die Uhr einsatzbereit sein. An ausgiebiges Schlafen ist nicht zu denken. Der hilfsbereite Vater kann nur einen geringen Teil der Arbeit übernehmen. Er kann nicht stillen, und der väterliche Herzschlag ersetzt nicht den von der Mutter her vertrauten Rhythmus. Trotzdem kann der Vater schon in den ersten Wochen sehr viel für das Baby tun. Auch wenn er kein Ersatz für die Mutter ist, kann er von Beginn an Wärme und Geborgenheit vermitteln und mithelfen, die Bedürfnisse des Kindes zu befriedigen. Er kann sich auch um den Alltag, um das Rundherum kümmern und die Mutter so weit wie möglich entlasten, damit sie voll und ganz für das Baby dasein kann. Die wenigen Wochen totalen Einsatzes werden den Eltern in späteren Jahren hundertmal abgegolten durch ein Kind, das Freude am Leben hat und das fast jede Situation meistert.

Das Beispiel meines Pflegekindes Alexander soll veranschaulichen, wie viel in den ersten Lebenswochen festgelegt wird, wie nachhaltig selbst kurze Zeiträume eines unbefriedigten Daseins die Zukunft eines Kindes beeinflussen und wie lange ich als Pflegemutter gemeinsam mit meinem Mann trotz allen Fachwissens und aller therapeutischen Erfahrung gebraucht habe, bis sich sichtbare Erfolge einstellten:

Die leibliche Mutter von Alexander hat ihr ganzes Leben lang nie Liebe erfahren. Als sie schwanger war, beschloß sie, an diesem Wunschkind all das zu verwirklichen, was sie selbst in ihrer Kindheit entbehren mußte. Dieser Zustand hielt drei Monate an, dann verkehrte er sich über Nacht ins Gegenteil. Ihr Mann wurde verhaftet und zu einer Gefängnisstrafe verurteilt. Ihre Reaktion darauf: „Ein Verbrecherkind will ich nicht." Von diesem Tag an tat sie alles, um dem Kind zu schaden; sie nahm Schlaftabletten und Aufputschmittel, trank übermäßig viel Rum, rauchte Zigarillos, mied Milch, Obst und Gemüse, aß überhaupt so wenig wie möglich und schnürte sich den Bauch, weil sie nicht bereit war, Umstandskleidung zu tragen.

Das Baby reagierte: Nach sieben Monaten verließ es diesen ungastlichen Bauch. Die Frau brachte einen zwei Kilo schweren Buben zur Welt und verließ einige Stunden später das Spital, ohne sich das Kind auch nur einmal anzusehen. Der Bub mußte anfangs künstlich beatmet werden und lag im Brutkasten. Während der nächsten fünf Wochen fragte die Mutter kein einziges Mal nach ihrem Kind. Plötzlich erwachte in ihr wieder die Mutterliebe, sie wollte auch wie die anderen Mütter mit ihrem Baby im Park spazierengehen. Sie kaufte Gitterbett, Kinderwagen und Babykleidung. Täglich ging sie ins Spital und durfte ihren Sohn dort füttern und baden. Ihr Umgang mit dem Baby ließ allerdings jedes Gefühl der Wärme vermissen, sie wirkte sehr ängstlich und wußte nicht, wie sie mit dem zerbrechlichen Wesen umgehen sollte.

Nach sieben Wochen Spitalaufenthalt wurde das Baby zur Mutter nach Hause entlassen. Schon in den ersten Tagen war die Frau – der Vater saß noch immer im Gefängnis – mit der Pflege des Kindes hoffnungslos überfordert. Das Baby schrie viel und war nicht zu beruhigen. Der Arzt vermutete Entzugserscheinungen aufgrund des starken Tablettenkonsums der Mutter während der Schwangerschaft.

Alle zwei Stunden wollte der Kleine gefüttert werden. Die Mutter konnte kaum schlafen, bewältigte die Hausarbeit nicht mehr. Sie schwankte zwischen schreien lassen, denn Kinder soll man nicht verwöhnen, und ruhigstellen, das heißt, heftig ins Gitterbett werfen, denn sie hatte Angst, daß die Nachbarn sich über den Lärm beschweren und ihr die Polizei ins Haus schicken könnten. Mit der Polizei wollte sie nichts zu tun haben, und außerdem war es ihr als Kind auch nicht gutgegangen.

Eine Woche später resignierte sie. Sie hatte das Kind ins Gesicht geschlagen, seine Augen waren blutunterlaufen, Lippen und Nase geschwollen. Sie war mit der Unterbringung bei Pflegeeltern einverstanden. Es gab keine weiteren Kontakte zwischen Mutter und Kind.

Sieben Wochen Spital und eine Woche hungern, eine Woche ohne Befriedigung der frühkindlichen Bedürfnisse, also acht Wochen leben ohne Mutterliebe ist für einen Erwachsenen eine kurze Zeitspanne, für die Entwicklung eines Neugeborenen eine Ewigkeit. Es dauerte ein halbes Jahr, bis Alexander nicht mehr täglich so lange schrie, bis er erschöpft und blau im Gesicht einschlief. Fast zwei Jahre lang dauerte es, bis er uns von sich aus einen Kuß gab. Bis dahin wurde Körperkontakt von ihm zwar geduldet, konnte jedoch nur nach und nach als lustvoll empfunden werden. Noch bei Schuleintritt, also kurz nach seiner Adoption und der damit verbundenen Namensänderung, die er im Kindergarten dank der verständnisvollen Betreuerinnen als großes Fest feiern durfte, hatte Alexander weit weniger Selbstwertgefühl als seine beiden Geschwister, obwohl es Dinge gab, die er viel besser konnte, zum Beispiel singen und laufen. Oft zweifelte er schon, bevor er etwas versuchte, an seinem Erfolg. Er bemühte sich ständig, der Bravste zu sein, obwohl bei uns Bravsein keineswegs an erster Stelle steht. Anscheinend glaubte er, nur dann geliebt zu werden, wenn er etwas Entsprechendes dafür leistete.

Heute ist Alexander vierzehn Jahre alt. Ein gewisser Zweifel an seinen Fähigkeiten ist ihm geblieben, obwohl er wie seine Geschwister ein Gymnasium besucht und im Laufsport ein großes Talent ist – er gehört zu den schnellsten Knaben Österreichs in seiner Altersklasse. Alexander hat in diesen vierzehn Jahren aber auch gelernt, und wahrscheinlich gerade seiner Probleme wegen, daß einem Erfolge nicht in den Schoß fallen, sondern daß man darum kämpfen und all seine Kräfte aufbieten muß, wenn man zu den Besten gehören will.

Frühkindliche Ursachen von Versagensängsten

Im zweiten bis dritten Lebensmonat beginnt ein Kind seine Umwelt bewußt wahrzunehmen und erste spezifische Reaktionen zu setzen, es beginnt zwischen einer liebevollen, freundlichen Ansprache und aggressivem, ungeduldigem Angebrülltwerden zu differenzieren. Es fühlt sich akzeptiert oder abgelehnt, je nachdem, wie die Bezugsperson mit ihm spricht. Ein Baby, das sich in dieser Zeit akzeptiert fühlen kann, wird lernen, sich zu akzeptieren, und wird sein Selbstwertgefühl weiter ausbauen. Wird dem Säugling im Tonfall Ablehnung signalisiert, wird er nicht lernen, sich anzunehmen, er wird sich minderwertig fühlen, sich später wenig zutrauen und mit unbegründeter Angst auf Situationen reagieren.

Ein Baby macht nach und nach die Erfahrung, daß es nicht eins ist mit seiner Umwelt. Es begreift langsam, daß die Mutter herbeieilt und sich liebevoll um es sorgt, wenn es weint. Es begreift aber auch, daß es im Stich gelassen wird, wenn trotz heftigen Schreiens niemand kommt. Weinen ohne Erfolg bedeutet, versagt zu haben. Dieses Gefühl der Minderwertigkeit, die Gewißheit, wieder einmal versagt zu haben, bleibt dem Kind erhalten, wenn nicht später Gegenmaßnahmen gesetzt werden, wenn es nicht in einem Umfeld aufwachsen kann, in dem ihm kontinuierlich Zuwendung und Akzeptanz entgegengebracht werden.

Wenn ein Baby das eine oder andere Mal ein wenig auf die Bezugsperson warten muß, bedeutet dies noch nicht, daß es deshalb Schaden nimmt. Ein Säugling, der grundsätzlich freundlich und liebevoll in die Familie aufgenommen ist, erwirbt durch diese Zuwendung auch schon ein kleines Stückchen Frustrationstoleranz, das heißt, er hält es aus, einmal enttäuscht zu werden. Im

Hintergrund bleibt für ihn trotzdem die Gewißheit, geliebt zu werden.

Bleibende Defizite ergeben sich nur dann, wenn ein Kind ständig in einem Milieu der Ablehnung aufwächst oder wenn Ablehnung und Zuneigung einem permanenten, für das Kind total unverständlichen Wechsel unterliegen, wenn sich etwa die Mutter nach Lust und Laune oder ihrem momentanen Zustand entsprechend einmal intensiv um es bemüht, ein anderes Mal wieder schreit oder sich gar nicht kümmert. Eine Mutter, die regelmäßig zuviel Alkohol konsumiert, wird ihr Baby nur dann entsprechend versorgen können, wenn sie nicht zu sehr betrunken ist. Auch ständige Probleme mit dem Partner können Ursache dafür sein, daß Mütter ihren Kindern sehr unterschiedlich begegnen. Ein ablehnender oder ambivalenter Umgang mit einem Kind ist zumeist nicht auf eine kurze Phase beschränkt. Kurzzeitige Krisen sind mit der nötigen Geduld wieder zu bewältigen. Wenn ein Baby aber von Geburt an oder auch schon vorher Ablehnung erfährt, dann entwickelt es Angst. Die Angst ist um so größer, je stärker die Ablehnung war, je öfter es allein war mit seinen Unlustgefühlen, je öfter es hungern mußte. Die Angst vor dem Versagen wird ein solches Kind ein Leben lang begleiten, und es wird wahrscheinlich im Laufe der Zeit noch einige andere Ängste dazuerwerben. Je früher ein Kind seine Ängste erwirbt, desto schwieriger ist es später, sie durch therapeutische Maßnahmen zu vermindern. Manchmal ist dies gänzlich unmöglich.

In diese Situation kommt ein gewolltes, akzeptiertes Kind nicht. Viel eher besteht die Gefahr, daß es sich zu einem kleinen Haustyrannen entwickelt, der später große Schwierigkeiten damit hat, seine Wünsche aufzuschieben, der sofort zornig und aggressiv reagiert, wenn nicht alles nach seinem Kopf geht. Das kann bedeuten, daß er später nur schwer Freunde findet und wenig Freude am Leben entwickelt.

Es gilt, das richtige Mittelmaß zu finden. Ab dem dritten Lebensmonat kann ein Kind das Warten lernen. Einerseits soll der Säugling nicht ständig mit seinen Unlustgefühlen allein gelassen werden, andererseits aber kann er auch nicht ständig im Arm der Mutter sein, und das Fläschchen ist nicht immer fix und fertig, wenn das Baby Hunger verspürt. Ein weinendes Baby muß nicht sofort aus dem Gitterbett genommen werden. Es gibt eine Reihe anderer Möglichkeiten, es von seinem Unlustgefühl zu befreien.

Babys fühlen sich wohl in der Nähe anderer Personen; allein im Kinderzimmer, weit weg von allen anderen Familienmitgliedern, fühlt es sich im Wachzustand nicht wohl. Es kann auch sein, daß ein Baby sich langweilt und unterfordert ist. Die Spielzeugindustrie bietet eine Reihe von Produkten an, die für Kinder ab dem dritten Lebensmonat geeignet sind: Glöckchen, Spiegel, Blümchen, die an einer Stange über dem Gitterbett befestigt sind, die sich bewegen, die das Kind anschauen und später auch angreifen kann. Das Baby lernt, daß Warten nicht nur Unlust bedeutet, sondern zu einem schönen Erlebnis werden kann, wenn es anfänglich nur wenige Minuten dauert.

Wird der Hunger schon so groß, daß selbst das schönste Mobile nicht mehr davon ablenken kann, und das Essen ist immer noch nicht fertig, dann kann nur mehr liebevoller Körperkontakt trösten. Wenn es nicht möglich ist, das Baby gleich herauszunehmen, muß es deswegen mit seinem Kummer nicht allein sein. Spricht man beruhigend und sanft auf das Baby ein, während man die Flasche abkühlt und trinkfertig macht, erspart man ihm das Gefühl des Versagens und ersetzt es durch das Wissen, in unangenehmen Situationen nicht allein gelassen zu werden. Man erspart dem Kind die Angst, die das Alleinsein verursacht.

Im ersten halben Jahr ist es noch relativ leicht, das Baby eine Zeitlang bei einer anderen, dem Kind fremden Person zu lassen. Es reagiert freundlich, wenn die Erwachsenen freundlich sind, denn in diesem Alter differenziert es noch nicht zwischen der Bezugsperson und fremden Personen.

Zu beachten ist jedoch, daß der Babysitter sich dem Kind gegenüber so ähnlich wie die gewohnte Bezugsperson verhält, sonst wird es verunsichert und ängstlich. Vor allem beim Füttern merkt das Baby, wenn die Flasche nicht so gehalten wird wie sonst, wenn es das Köpfchen plötzlich anders legen muß, um den Sauger im Mund zu behalten, wenn das Fläschchen so tief sinkt, daß mehr Luft als Milchbrei in den Mund kommt. Das Baby wird ein Gefühl der Unlust und der Angst entwickeln und dies durch Weinen kundtun. Wenn es notwendig ist, daß jemand anderes das Baby füttert, dann empfiehlt es sich, sich zu vergewissern, ob das Baby auch bei dieser Person lustvoll sein Fläschchen trinkt. „Fehler", die passieren, lassen sich oft leicht korrigieren. Sollte es einmal unumgänglich sein, daß das Kind von einer ihm fremden Person ohne vorherige Unterweisung gefüttert wird, und es klappt nicht alles wie gewohnt, ist dies kein Grund zur Sorge. Ein Baby, das immer lustvoll trinkt, vergißt das eine oder andere Unlusterlebnis sehr rasch.

Entwicklung von Verlustangst

In der zweiten Hälfte des ersten Lebensjahres erwirbt ein Kind die Möglichkeit, sich von der Bezugsperson wegzubewegen, es beginnt zu krabbeln und mit etwa einem Jahr zu laufen. Langsam bewegt ein Kind sich immer weiter weg von den geliebten Personen, vorausgesetzt, es kann sich der Liebe und Zuwendung dieser Person sicher sein und muß nicht Angst haben, sie zu verlieren, wenn sie nicht mehr in seiner unmittelbaren Nähe sind.

Zwischen dem sechsten und zehnten Lebensmonat gibt es eine für die Entwicklung der Bindungsfähigkeit kritische Phase. In diesem Zeitraum festigt sich die Bedeutung der Bezugsperson; sie ist nicht mehr nur funktional wichtig, das heißt, sie sorgt nicht nur für das leibliche Wohl des Kindes, sondern gewinnt auch mehr und mehr an emotionaler Bedeutung. Das Kind wird nicht nur geliebt, es beginnt, diese Liebe und Zuneigung zu erwidern. Auf dieser ersten emotionalen Bindung bauen alle späteren Beziehungen im Leben auf.

Wenn Kinder in dieser Zeit von der Bezugsperson getrennt werden, erleiden sie schwere psychische Schäden. Hat ein Kind in diesem Zeitraum nicht die Möglichkeit, Bindung zu einer Bezugsperson herzustellen, bleibt es unfähig für dauerhafte Beziehungen. Natürlich gibt es wie bei jeder Störung auch hier graduelle Unterschiede, je nachdem, ob es zu einer totalen Trennung kommt bzw. ob der emotionale Fluß zwischen der Bezugsperson und dem Kind besser oder schlechter funktioniert.

Der heute stark propagierte Wechsel von Vater und Mutter im Karenzurlaub sollte keinesfalls in diese Phase fallen, er muß entweder davor oder danach erfolgen, und den Eltern muß klar sein, daß, wer auch immer diese Zeitspanne übernimmt, eine sehr verantwortungsvolle

Aufgabe hat und sich für einige Wochen kaum vom Kind trennen kann, weil es allen anderen Personen gegenüber weinerlich und ängstlich reagiert. Die spezifischen Merkmale der einzelnen Entwicklungsstufen sind allerdings nicht bei allen Kindern gleich stark ausgeprägt. Es gibt Babys, die nur sehr kurz und nur leicht ängstlich auf fremde Personen reagieren, es gibt aber auch Baby, die über Wochen nur die eine Bezugsperson an sich heranlassen, sogar der Vater bzw. die Mutter kann ängstliches Weinen auslösen.

Um für das weitere Leben die ausreichende Bindungsfähigkeit erwerben zu können, ist es für das Kind notwendig, jenes Maß an Zuwendung zu bekommen, das es fordert. Entzieht sich die Bezugsperson ständig der Sicht- und Reichweite, entwickelt es Angst, die geliebte Person zu verlieren. Wann immer es zum Ausdruck bringt „Ich brauche dich", müßte sie zur Verfügung stehen. Macht das Kind die Erfahrung „Sie/er ist immer da, wenn ich sie/ihn brauche", dann kann die Bezugsperson sich auch bald ein wenig entfernen; das Kind hat die Gewißheit: „Sie/er wird schon kommen, wenn ich sie/ihn wieder brauche." Wird dem Kind diese Erfahrung versagt, erwirbt es das Gefühl „Wen ich liebe, der verläßt mich." Zu dauerhaften Bindungen fähig zu sein setzt voraus, daß die erste Bindung, die das Kind eingehen kann, als positiv und lustvoll erlebt wird.

Ein Kind, das nicht über ausreichende Bindungsfähigkeit verfügt, steht nicht mit großer Selbstsicherheit im Leben. Sich einer Beziehung nie sicher sein zu können, ist mit der dauernden, wenn auch nicht immer bewußten Angst vor dem Verlust der geliebten oder bewunderten Person verbunden.

Diese Angst muß, um einigermaßen erträglich zu sein, Ventile finden. Grundlose Aggressivität kann ihre Wurzel in diesen frühkindlichen Bindungsstörungen haben. Auch Infantilität, der ständige Wunsch nach Beachtung, irreale Phantasien und Wunschvorstellungen, Kontaktscheuheit, ständiges Anklammern an Personen, infantile Arbeitshaltung, fehlende Gewissensbildung oder Gruppenunfähigkeit können die Folge sein. Manche Kinder lutschen ständig an sich oder an ihren Kleidungsstücken, andere bleiben über Jahre hinaus Bettnässer.

Diesen im ersten Lebensjahr erworbenen Bindungsschwächen kann später nur dadurch begegnet werden, daß ein solches Kind voll akzeptiert wird, so wie es ist, mit all seinen Aggressionen, seiner Geltungssucht, als Bettnässer usw. Die Bezugsperson darf unter keinen Umständen die Beziehung abbrechen, sie muß dem Kind ständig signalisieren: „Was du jetzt gerade tust, gefällt mir zwar nicht – dir wahrscheinlich auch nicht –, aber gleichgültig, was du tust, ich hab' dich immer lieb, ich bleibe immer bei dir."

Es soll hier nicht der Eindruck entstehen, daß alle Störungen ihre Wurzeln in den ersten Lebensmonaten haben. Wie ein Mensch aber später mit Problemsituationen umgeht, ob er sie lösen kann oder an ihnen zerbricht, ob ständige Angst seine Handlungsfähigkeit einschränkt oder er sich neugierig an Neues heranwagt, ob er von der Richtigkeit seiner Handlungen und der Qualität seiner Arbeit überzeugt ist oder ob er dauernd Angst hat, alles falsch zu machen und aus dieser Angst heraus tatsächlich Mißgeschick auf Mißgeschick folgt, das wird weitgehend in den ersten Lebensmonaten festgelegt.

Ängste im Kleinkindalter

Erziehung zu Selbstvertrauen

Die physische (körperliche) Entwicklungsphase eines Säuglings bedingt Grenzen, die vom Kind allein nicht überschritten werden können. Solange ein Baby sich nicht eigenständig von der Stelle bewegen kann, ist der von ihm erfaßbare Raum auf Sicht- und Hörweite und der Aktivitätsradius auf Armlänge eingeschränkt. Diverse Glöckchen, Blümchen und Spiegel über dem Gitterbett können nur berührt werden, wenn sie tief genug hängen. Das Baby soll die Erfahrung machen: „Ich kann das Ding erreichen."

Hat es diese Erfahrung gemacht, wird es sie wiederholen wollen und nach einiger Zeit auch Bereitschaft zeigen, sich ein wenig anzustrengen, die Schultern und den Kopf zu heben, um das Spielzeug auch dann wieder berühren zu können, wenn die Befestigungsstange ein wenig höher geschoben wurde. Wenn es ihm wieder gelingt, wird es die Erweiterung seiner Grenzen als etwas Positives erfassen und dieses Erlebnis wiederholen wollen. Hier bereits beginnt es, sich zu einem expansiven, das heißt über die Grenzen hinausschauenden, an allem Neuen interessierten Menschen zu entwickeln, der dem Unbekannten neugierig gespannt, aber nicht ängstlich entgegenblickt.

Ein permanent überfordertes Kind, dessen Spielzeug über dem Gitterbett immer in unerreichbarer Höhe hängt, wird resignieren, es wird den Versuch, die eigenen Grenzen zu überschreiten, als negativ erleben, es wird zum Versager, den jede neue Aufgabe mit Angst erfüllt.

Natürlich machen die ersten Lebensmonate aus einem Menschen nicht *den* Erfolgstyp und auch nicht *den* totalen Versager, doch die Entwicklung in die eine oder andere Richtung setzt sich im Laufe des Kleinkindalters fort.

Eine große Chance zum Sprung über die Grenze bietet sich, wenn ein Kind robben, krabbeln und bald danach laufen lernt. Wie ein Kind diesen Schritt ins Leben bewältigt, ist entscheidend für seine spätere Einstellung allem Neuen, allen Aufgaben und somit auch der Schule gegenüber.

Die ersten Schritte sind etwas Aufregendes, für das Kind und auch für die Eltern. Die Gefahr, daß ein Kind zu wenig für diese großartige Leistung gelobt wird, ist in den meisten Fällen nicht gegeben. Ein Zuviel des Lobes ist auch nicht denkbar. Doch mit der Fähigkeit eines Kindes, räumliche Grenzen aus eigener Kraft zu überwinden, wächst auch die Gefahr. Jeder kennt wohl die Situation, wenn einem fast das Herz stehenbleibt, während ein kleines Kind wackelig, aber zielstrebig auf eine Tischkante, einen heißen Ofen oder sonst eine Gefahrenquelle zuläuft. Zum Schutz des Kindes müssen dessen Expansionsbedürfnis Grenzen gesetzt werden.

Selten wird kleinen Kindern zuviel zugetraut, es sei denn, jemand interessiert sich überhaupt nicht für seine Kinder und überläßt sie ständig sich selbst. Doch oft ist das Schutzbedürfnis der Eltern zu stark ausgeprägt. Vor allem Mütter neigen dazu, ihr Kind keinen Schritt unbeobachtet tun zu lassen und immer sofort schützend ihre Hand auszubreiten, damit dem Kind nur ja nicht das geringste Leid zustößt. Grenzen sind aber nur erfahrbar, wenn man an sie stößt. Das Kind lernt nur dann, wie schnell und wo es laufen kann, wenn es manchmal zu schnell läuft und stürzt oder sich an irgendeinem Möbel den Kopf anschlägt.

Ich meine damit selbstverständlich nicht, daß Eltern dabei zusehen sollen, wie ein Kind sich blutig schlägt, aber ein kleiner blauer Fleck dann und wann kann für ein Kind in zweifacher Hinsicht lehrreich sein. Erstens lernt es, seine eigenen Fähigkeiten und Grenzen einzuschätzen, und zweitens kann es, wenn es weint, liebevoll getröstet werden, was ihm das Gefühl vermittelt: „Ich bin nicht allein, und darum ist es auch nicht so schlimm, wenn ich mich über die Grenze wage." Das Kind wird Freude daran finden, seine Grenzen ständig zu erweitern und kleine Mißerfolge mühelos wegstecken. Ein unerläßliches Rüstzeug für eine gute Schul- und später auch Berufslaufbahn.

Wenn ein Kind mit Trost und liebevoller Umarmung nicht rechnen kann, wenn also das Überschreiten von Grenzen nur eine negative Erfahrung ist, dann wird es versuchen, diese Erfahrungen in Zukunft zu vermeiden. Die Weiterentwicklung wird dadurch gehemmt. Neue Aufgaben machen angst, denn wenn sie nicht bewältigt werden, stellt sich nur Unlust ein. Das Gefühl „Es wird alles wieder gut" fehlt dann. Ähnliches geschieht, wenn die Eltern ständig hinter einem Kind her sind und es dauernd vor Gefahren schützen und bewahren wollen, wenn es an seine eigenen Grenzen nie herangelassen wird. Es hat dann keine Chance, sich selbst und seine Fähigkeiten richtig einzuschätzen. In Überforderungssituationen – Eltern können nicht ein ganzes Leben lang Beschützer ihres Kindes sein – wird es mit großer Angst reagieren. Für überbefürsorgte Kleinkinder ist es oft unfaßbar, wenn sie sich irgendwo anschlagen; sie brüllen und kreischen und reagieren äußerst aggressiv der Aufsichtsperson gegenüber, die ihre „Pflicht", dem Kind alle Hindernisse aus dem Weg zu räumen, vernachlässigt hat. In diesem Fall stellen nicht die Fähigkeiten des Kindes, sondern die übergroße Ängstlichkeit der Eltern die Grenze für den Handlungsspielraum dar. Ein solches Kind wird in der Schule Probleme haben, wenn es an die Grenzen seiner Leistungsfähigkeit herangeführt wird. Ein Leistungssportler oder ein Schüler, der stets nach neuem Wissen strebt, wird aus einem Kind, das schon in frühesten Jahren dazu gezwungen wurde, unter seinem Limit zu bleiben, bestimmt nicht.

Ein Kind, das nicht von Anfang an bis an die Grenzen seiner Leistungsfähigkeit gehen kann, wird anstatt des eigenen Ichs die Angst vor etwas zur Grenze machen und somit einen großen Teil dessen, wozu es eigentlich körperlich und geistig in der Lage wäre, nie ausnützen können. Ein Kind, das den Sprung über die Grenze nur als Negativerfahrung kennt, wird bestrebt sein, von dieser Grenze so weit wie möglich entfernt zu bleiben. Lenkt man es durch Forderung von Leistung in diese Richtung, etwa im Kindergarten oder in der Vorschulgruppe, dann wird es mit um so mehr Angst reagieren, je näher es dieser Grenze kommt, und wird dieser Angst mit Abwehrreaktionen begegnen, zum Beispiel mit Aggression, Passivität, trotzigem Schweigen oder es wird sich als „Kasperl" präsentieren. Die Ausprägung eines starken Selbstwertgefühles ist nur möglich, wenn ein Kind die Chance hatte festzustellen „Was kann ich, was bin ich wert?"

Entwicklung von Leistungsbereitschaft

Ein Kind, das mit Urvertrauen ausgestattet ist, dessen Bedürfnisse in der frühen Kindheit ausreichend befriedigt wurden, das eine stabile, feste Bindungsfähigkeit erwerben konnte, wird von sich aus bestrebt sein, Leistung zu erbringen. Leistungsbereitschaft hängt auch eng mit der Art der Grenzsetzung zusammen. Leistung ist die Bereitschaft zur Grenzüberschreitung, die dann entsteht, wenn diese Überschreitung als positiv erlebt werden kann.

Sobald Kinder sich frei bewegen können, gehen sie auf Entdeckungsreisen. Dabei erbringen sie ständig neue Leistungen, sie öffnen Kästen, erklimmen Sessel und Tische, schalten Geräte aus und ein und vieles mehr. Sie begeben sich in ihrem Streben nach neuen Leistungen, nach neuen Erfahrungen oft auch in Gefahr. Trotzdem sollten Eltern nicht sofort alles verbieten, ständig darauf hinweisen, daß das Kind noch zu klein sei, daß es dieses oder jenes noch nicht kann. Jede Leistung sollte gelobt werden, auch wenn hinterher Maßnahmen getroffen werden, damit sie nicht wiederholt werden. Wenn ein Kind Erklärungen bereits versteht, kann man ihm durchaus sagen, daß es sich an einer offenen Türe auch einzwicken kann, trotzdem aber bleibt es einfach toll, daß es schon so tüchtig ist und auf den Zehenspitzen stehend bis zur Schnalle reicht.

Kinder helfen gerne überall mit, sie wollen putzen und kochen, Geschirr abwaschen und Wäsche bügeln, und sie sind stolz auf die Leistungen, die sie erbringen, so lange sie von den Eltern dafür gelobt werden. Grenzen, die gesetzt werden müssen, sollten sich an der Leistungsfähigkeit der Kinder orientieren. Kinder trauen sich selbst oft unendlich viel zu, sie können auch sehr viel, so lange man sie läßt.

Sagt man einem Kind regelmäßig: „Laß das, das kannst du noch nicht", sei es aus Angst, es könnte sich verletzen, sei es aus Bequemlichkeit, weil die „Hilfe" kleiner Kinder oft mit einem gewissen Maß an Mehrarbeit verbunden ist, wird es langsam aufhören, sich auf neue Leistungen einzulassen. Je negativer die Reaktionen der Eltern auf die Leistungsbereitschaft der Kinder sind, desto geringer wird später die Bereitschaft eines solchen Kindes sein, sich auf Neues einzulassen. Ein Kind, dem dauernd gesagt wird, was es alles falsch macht, wird die Gefahr, wieder einen Fehler zu begehen, vermeiden, das heißt, es wird Leistungen verweigern.

Kinder, die bereits Entwicklungsdefizite aus dem Säuglingsalter aufweisen, haben von Haus aus eine viel geringere Bereitschaft zu immer neuen Leistungen. Die Angst vor dem Versagen, die sie in den ersten Lebenswochen bereits erworben haben, kommt jetzt voll zum Tragen. Es ist eine sehr mühevolle Aufgabe, ein kleines Kind wieder langsam Freude an seinen Leistungen erleben zu lassen. Die Situation des Versagens sollte so weit wie möglich vermieden werden, da sie nur neue Nahrung für die Angst des Kindes liefert.

Es gilt, Spiele und kleine Hilfsdienste zu finden, die das Kind so bewältigen kann, daß es selbst damit zufrieden ist. Es genügt nicht, wenn das Kind von den Eltern gelobt wird und selbst genau merkt, daß die Mutter alles noch einmal machen muß. Langsam können die Leistungsanforderungen gesteigert werden, aber immer nur so weit, daß die Aufgaben gerade noch zu bewältigen sind. Erst wenn es die Sicherheit gewonnen hat „Wenn ich eine Sache beginne, dann kann ich sie auch gut zu Ende führen", kann es langsam lernen, auch kleine Fehlschläge auszuhalten. Dann wird es nicht sofort resignieren und sich von der gestellten Aufgabe abwenden, sondern erneut beginnen und vielleicht beim nächsten oder übernächsten Versuch sein Ziel erreichen.

Kinder bauen gerne Türme aus Bausteinen. Anfänglich zeigen sie mehr Freude am Umwerfen als an einem stehenden Turm. Bald aber wollen sie stolz einen Turm aus immer mehr Steinen den Eltern präsentieren. Ein Kind mit normal entwickelter Leistungsbereitschaft baut einen Turm immer wieder auf und erfreut sich am Vorgang des Bauens, ein Kind, das sich nichts zutraut, wird sehr rasch zornig, wenn der Turm umfällt, beschuldigt andere, ihn umgeworfen zu haben, wirft mit den Steinen um sich und resigniert schließlich.

Der Grundstein, der im ersten Lebensjahr gelegt wurde, trägt schon beim Kleinkind Früchte: Leistungsbereitschaft oder Versagensangst. Die nächsten Jahre können die Bereitschaft vertiefen, können Fehlentwicklungen entgegenwirken, aber auch die Angst vor dem Versagen vergrößern.

Trennungsängste

Die körperliche Entwicklung, die Fähigkeit zum Laufen, ermöglicht es dem Kleinkind mitzuentscheiden, ob es sich in die Nähe der geliebten Person begibt oder ob es sich von dieser ein Stück entfernt.

Der amerikanische Psychoanalytiker Rudolf EKSTEIN erzählte bei seinen jährlichen Wienaufenthalten immer wieder die Geschichte von seinem kleinen Sohn. Als er sich schon allein auf seinen zwei Beinen fortbewegen konnte, spielte er gerne im Garten, während die Mutter im Haus tätig war. Zwischendurch aber kam er immer wieder hereingelaufen, zupfte die Mutter am Rock und lief wortlos wieder hinaus. Er mußte sich noch vergewissern, daß die geliebte Person nicht plötzlich abhanden kam, aber sein Gefühl der Sicherheit reichte immerhin schon aus, sich für einige Zeit von der Mutter zu entfernen.

Sich angstfrei in die Welt hinauszuwagen, sich in ihr bewegen zu können, setzt voraus, daß das Kind weiß, daß es jederzeit zurückkommen kann und seine Bezugsperson wiederfinden wird. Zurückkommen und niemanden finden, nachts aufwachen und allein sein, nicht wissen, wo Vater und Mutter sind, nicht gehört werden, wenn man weint, das macht angst. Auch wenn die Eltern in absehbarer Zeit wieder auftauchen, die Angst vor dem neuerlichen Verlassenwerden bleibt, und je öfter ein kleines Kind in diese Situation kommt, desto tiefer wird sie sich einprägen.

Es gibt einfache Mittel, dieser Gefahr vorzubeugen. Wenn die Bezugsperson den Raum verläßt, in dem das Kind sie vermutet, sollte sie nicht einfach hinausgehen, auch nicht für kurze Zeit, sondern sich die Mühe nehmen, zuerst am Kind vorbeizugehen und ihm zu sagen, wo sie zu finden ist. Auf solche Maßnahmen ist auch zu achten, wenn das Kind kurz von anderen Personen beaufsichtigt wird. In der unvertrauten Situation ist es um so wichtiger, ein Kind nicht noch zusätzlicher, unnötiger Angst auszusetzen.

Entfernt sich ein Kind aus freien Stücken von der Bezugsperson, wird es kaum zu Problemen kommen, es wird sich nur so weit entfernen, wie ihm dies ohne Angst möglich ist. Wenn es sicher sein kann, die erwartete Person am erwarteten Ort jederzeit wiederzufinden, wird es sich immer ein Stückchen weiter weg wagen und immer längere Zeit allein in einem anderen Raum spielen. Schwierigkeiten können dann auftreten, wenn die Bezugsperson dem Kind plötzlich nicht zur Verfügung steht, wenn zum Beispiel die Mutter / der Vater, die / der bisher immer da war, plötzlich wieder berufstätig wird. Es wäre vorteilhaft für das Kind, wenn es sich langsam an die Abwesenheit der Mutter / des Vaters gewöhnen könnte und wenn es eine fremde Person, von der es dann vielleicht betreut wird, schon vorher im Beisein der Eltern kennenlernt, wenn es sieht, daß diese Personen alle freundlich miteinander und mit ihm umgehen.

Muß ein Kind für einige Zeit woanders untergebracht werden, hilft ihm ein vertrautes Spielzeug, möglichst immer dasselbe. Kuscheltiere und Teddybären eignen sich erfahrungsgemäß besonders gut dazu. Wenn das Kind schon Worte verstehen kann, könnte man ihm erklären: „Der Teddy paßt auf dich auf, bis ich wieder zurückkomme." Das Spielzeug wird zum Übergangsobjekt, zur Garantie, daß die Mutter / der Vater wieder zurückkommt. Ein Kind kann so ohne Angst immer längere Zeiträume auch ohne Eltern aushalten. Nach einiger Zeit wird sich das Kind der elterlichen Liebe und des Zurückkommens so sicher sein, daß es auch ohne Teddybär keine Angst mehr hat, sie zu verlieren, wenn sie ein paar Stunden nicht da sind.

Bei Kindern, die bis zum Kindergartenalter ständig im Familienverband waren, deren Mutter sie nie oder nur selten und nur für kurze Zeit bei anderen Personen untergebracht hat, kann diese Trennungsangst zu einem späteren Zeitpunkt akut werden, beim Eintritt in den Kindergarten oder sogar erst beim Eintritt in die Schule, wenn dieser die erste längerfristige Trennung von der Mutter bedeutet.

Nach der Überwindung der Phase der Fremdenfurcht in der zweiten Hälfte des ersten Lebensjahres kann und soll ein Kind daher lernen, zeitweise ohne Vater und Mutter auszukommen. Bis zum Kindergarteneintritt sollte ein Kind für sich die Sicherheit erworben haben, daß die Eltern immer wieder zurückkommen.

Wie lange ein Kind in welchem Alter anderen Personen überlassen werden kann, ist nicht generell beantwortbar. Es lassen sich keine Regeln aufstellen, wie alt ein Kind sein muß, damit man es soundsoviele Stunden oder Tage allein lassen kann. Diese Frage ist nur individuell für jedes einzelne Kind zu beantworten. Es kann so lange bei anderen Personen untergebracht werden, wie es das ohne Angst verkraften kann. Ein Kind, das Angst hat, von den Eltern verlassen worden zu sein, weint und ruft vielleicht nach den Eltern. Hilfsmittel wie das oben erwähnte Übergangsobjekt erleichtern dem Kind die Trennung. Einem etwas älteren Kind, das mit dem Zeitablauf des Tages bereits vertraut ist, kann man genau erklären, was alles geschehen wird, ehe die Eltern wiederkommen. Wichtig ist, daß einem Kind stets die Wahrheit gesagt wird. Es ist sinnlos, ihm zu versprechen, daß es bald wieder abgeholt wird, obwohl es bei der Oma übernachten muß, nur damit man sich eine Abschiedsszene erspart. Beim nächsten Mal wird dieses Kind den Eltern nicht mehr vertrauen, auch wenn sie diesmal tatsächlich bald zurückkommen. Es wird fürchten, wieder so lange warten zu müssen. Es kann sich dann auf die Eltern und auf ihre Rückkehr nicht mehr verlassen. Es wird Angst haben vor der Ungewißheit.

Angst vor dem Alleinsein

Wenn kleine Kinder Angst davor haben, allein in der Wohnung oder manchmal sogar allein in einem Zimmer zu sein, dann ist dies durchaus normal und unbedenklich. Es genügt nicht, ein Vorschulkind mit Worten davon zu überzeugen, daß ihm nichts geschieht. Solange ein Kind dem magischen Denken verhaftet ist – dieses dauert bis zum Vorschulalter –, glaubt es an allen möglichen Zauber. Das Krachen eines Parkettbrettes ist mehr als nur die Spannung im Holz. Die kindliche Phantasie kann viele ängstigende Dinge daraus machen. Die Mutter im Nebenzimmer ist für das Kind nicht im Nebenzimmer, sondern nicht sichtbar und daher weg. Wer weiß, was ein Zauberer im Nebenzimmer mit ihr macht!

Dunkelheit beinhaltet für alle Menschen ein mehr oder weniger großes Angstpotential. Die Phantasiewelt kleiner Kinder enthält unzählige Möglichkeiten für Angst. Je intelligenter ein Kind ist, je ausgeprägter seine Phantasien, desto mehr Gründe zum Angsthaben wird es entdecken. Eltern sollten auf diese Phantasien eingehen und ihr Kind in angstmachenden Situationen begleiten. Leider geschieht es aber immer wieder, daß Eltern – wenn auch unbeabsichtigt – Situationen heraufbeschwören, welche die Angst ihres Kindes vergrößern.

Gehen sie zum Beispiel abends heimlich weg, wenn das Kind schon schläft, in der Annahme, es würde ohnehin nicht aufwachen, und das Kind wacht doch einmal auf, tritt zu der Angst vor dem Alleinsein, vor der Dunkelheit möglicherweise noch eine massive Verlassensangst hinzu. Das Kind wird völlig unerwartet mit dem Alleinsein konfrontiert. Die Folgen solcher Schockerlebnisse können gravierend sein. Es könnte zu Einschlafstörungen kommen. Das Kind will nicht mehr einschlafen, weil es ständig Angst hat, die Eltern könnten wieder weggehen. Dann nützt es nichts, wenn die Eltern versichern, daß sie heute ganz bestimmt dableiben. Ein solches Kind könnte auch ständig von der Angst begleitet werden, daß die Mama weggeht, auch wenn sie nur den Raum für einige Minuten verläßt. Nur sehr langsam und mit sehr viel Geduld kann ein Kind dann wieder Vertrauen und Sicherheit gewinnen.

Das heißt nicht, daß ein Kind grundsätzlich nicht allein zu Hause gelassen werden darf, aber ein Kind muß immer wissen, wer da ist und ob wer da ist. Bei kleineren Kindern empfiehlt es sich, sie schon dann zu informieren, wenn die Aufsichtsperson den Raum verläßt.

Wann ein Kind es sich zutraut, für kurze Zeit allein zu sein, ist individuell sehr verschieden. Das Kind selbst muß entscheiden können, was es sich zutraut. Anfänglich wird es der Mutter gestatten, den Mistkübel auszuleeren, ohne daß es mitgehen muß, bald wird die Mutter auch kurze Einkäufe erledigen können. Wichtig ist nur, daß das Kind *immer* Bescheid weiß, wo die Mutter hingeht und wann sie wieder kommt. Wenn es sich einmal doch nicht allein zu sein getraut, sollte es nicht dazu gezwungen werden. Es könnte gerade in ein angstmachendes Phantasiespiel verwickelt sein, bei dem es zu seiner persönlichen Sicherheit die Gegenwart eines Erwachsenen braucht.

Oft hängt es auch von äußeren Umständen ab, ob ein Kind allein bleiben kann und will. Unmittelbar nach einem aufregenden Kasperlstück im Fernsehen, wo Krokodil und Hexe miteinander gekämpft haben, wo das Krokodil den Kasperl fast gefressen hätte oder der Zauberer den Kasperl in irgend etwas verzaubert hat, wird es den meisten Kindern recht schwer fallen, allein zu sein. Auch während solcher Sendungen sollte man das Alleinlassen vermeiden. So lange es draußen und somit auch in allen Räumen der Wohnung hell ist, ist für das Kind alles überschaubarer und das Alleinsein leichter.

Wer sich schon allein zu Hause zu bleiben getraut, ist schließlich schon „groß", das stärkt das Selbstwertgefühl eines Kindes, aber nur, wenn es durch Zeitpunkt und

Ausmaß nicht überfordert ist. Manche Kinder getrauen sich sogar nachts, wenn sie schlafen, allein zu bleiben, es genügt ihnen die Sicherheit, daß sie, falls sie aufwachen, durch ein entsprechendes Gerät direkt mit der Nachbarin verbunden sind und rufen können, wenn sie Angst haben. Sie wissen aber, daß die Eltern nicht in der Wohnung sind.

Es wäre auch nicht sinnvoll, ein Kind prinzipiell nicht allein zu lassen, vor allem dann nicht, wenn es damit gerne beweisen möchte, was es sich schon alles zutraut. Wenn es auch für die Eltern nicht notwendig ist wegzugeben, für das Kind kann es sehr wichtig sein und dessen Selbstvertrauen stärken.

Gebote und Verbote

Im Laufe der Vorschulentwicklung sollte das Kind nicht nur die Grenzen erfahren, die im eigenen Ich begründet sind, sondern auch jene, die das Du, das Leben in der Gemeinschaft auferlegt. Aus dem voll und ganz auf sich konzentrierten Neugeborenen, das anfangs noch gar nicht zwischen sich und der Umwelt unterscheidet, wird bis zum Schuleintritt ein soziales Wesen, das die eigenen Wünsche mit denen der Mitmenschen in Einklang bringen kann. Dazu ist das Erleben von Grenzen notwendig, von Grenzen, welche das Du, zunächst wahrscheinlich Vater und Mutter, setzt.

Diese Grenzen, nennen wir sie Gebote und Verbote, befolgt das Kleinkind aus Liebe zu den Bezugspersonen. Weil es gerne gelobt und geliebt wird, tut es, was die Eltern sagen. Bald braucht es die Eltern dazu gar nicht mehr, es hat die Normen und Regeln der Eltern signalisiert, das heißt, es hält selbst für richtig, was die Eltern für gut halten, und es hält selbst für falsch, was die Eltern für falsch halten. Dieses Gewissen oder Über-Ich, je nachdem, ob wir den Begriff aus der Religion oder aus der Psychoanalyse wählen, muß sich sodann in der Gesellschaft bewähren, das Kind wird mit anderen Menschen konfrontiert, die gleiche, ähnliche oder andere Vorstellungen von richtig und falsch haben.

Mit zunehmender intellektueller Entwicklung helfen Erklärungen und Begründungen, die Position des Über-Ich zu festigen. Dadurch entstehen klare Grenzen zwischen erlaubt und verboten, richtig und falsch, gut und schlecht. Ein Kind wird sich später sicher und relativ angstfrei in der Gesellschaft bewegen können, wenn die ersten Gebote und Verbote klar und eindeutig waren, wenn zwischen den einzelnen für die Erziehung verantwortlichen Personen Übereinstimmung herrschte, wenn nicht je nach Stimmung und Laune der Erwachsenen Erlaubtes und Verbotenes selbst auch ernstgenommen wurden, das heißt, wenn sie sich selbst danach richteten und wenn sie es nicht dabei bewenden ließen, die Verbote auszusprechen, ohne auf deren Einhaltung zu achten.

Gebote der Eltern nicht einzuhalten, ist für das Kind mit Angst vor Liebesverlust verbunden. Um geliebt zu werden, muß man tun, was die Eltern für richtig halten. Wenn aber die Eltern immer etwas anderes für richtig halten, muß ein Kind ständig Fehler, und damit auch den Verlust der elterlichen Liebe befürchten. Wenn Vater und Mutter nicht die gleichen Gebote und Verbote aussprechen, hat ein Kind keine Chance, etwas zu tun, womit es sich der Liebe beider Elternteile versichern kann. Tut es das eine, dann muß es fürchten, die Liebe des Vaters zu verlieren, tut es das andere, dann kann es der Liebe der Mutter nicht mehr sicher sein. Auf diese Weise wird verhindert, daß es eindeutig ein klares, gültiges Über-Ich aufbauen kann, daß es eindeutig weiß, ob eine Handlung richtig oder falsch ist, es wird stets fürchten, etwas falsch zu machen und dadurch die Zuneigung und Anerkennung anderer Personen zu verlieren.

Bevor Eltern ein Verbot aussprechen oder von ihrem Kind etwas fordern, sollten sie überlegen, ob dies oder jenes wirklich unterlassen oder etwas anderes unbedingt getan werden muß. Ist eine Sache tatsächlich notwendig, sollte das Kind so lange dazu motiviert werden, bis die Aufgabe erfüllt ist. Wenn die Sache ohnehin nicht so wichtig ist, dann ist es besser, ganz darauf zu verzichten oder die elterlichen Wünsche zumindest in die Form eines Vorschlages zu kleiden, was das Kind Vater und Mutter zuliebe tun könnte.

Beobachtet man Mütter im Park, kann man sehen, wie sorglos mit der Setzung von Grenzen oft umgegangen wird: Die Sandkiste ist voll mit Kleinkindern, die alle vergnügt mit ihren Schaufeln herumwühlen. Ein kleiner Bub kommt auf die Idee, die anderen Kinder mit Sand zu bewerfen. Die Mutter ruft: „Robert, laß das!" und wendet sich wieder dem Gespräch mit den anderen Müttern zu. Robert wirft weiter. Als die Mutter wieder einmal hinschaut, ruft sie: „Ich hab' dir doch gesagt, du sollst aufhören!" und wendet sich wieder den anderen Frauen zu. Robert ist offensichtlich ein intelligentes Kind, in seinem Hirn beginnt es fast sichtbar zu arbeiten. Er füllt die Schaufel, riskiert einen Blick zur Mutter, die ist in ihr Gespräch vertieft. Robert wirft, blickt zur Mutter, keine Reaktion. Das Spiel wiederholt sich, immer mehr Sand liegt auf der Schaufel und wird geworfen. Plötzlich läuft das Kind, das neben Robert saß, schreiend zur Mutter. Sein Kopf ist mit Sand bedeckt.

Roberts Mutter springt auf, schlägt auf Robert hin und schreit: „Ich hab' dir doch gesagt, du sollst aufhören!"

Was passiert hier? Die Mutter hat mit ihrem Verbot eine Grenze gesetzt, doch eine Grenze, die man nicht einhalten muß, ist keine Grenze. Robert hat die Grenze förmlich gesucht und herbeigespielt. Sie zeigte sich schließlich in Form von Schlägen, als ein anderes Kind weinte und Gefahr drohte, daß dessen Mutter sich beschweren würde. Von Klarheit kann hier keine Rede sein. Es wurden Grenzen gesetzt, doch war es nicht notwendig, sie einzuhalten. Was war hier nicht wichtig? Die Grenze? Darf man in einer Sandkiste auch mit Sand werfen? Was Robert macht? Das war erst wichtig, als Gefahr von der anderen Mutter drohte. Am wichtigsten war der Mutter ihr Gespräch. Robert war es in dieser Situation nicht.

Die Mutter hätte im Sinne eines konsequenten Über-Ich-Aufbaus die Wahl gehabt, entweder mit ihrem Verbot zu warten, bis sich durch das Werfen tatsächlich andere Kinder belästigt fühlen, oder sie hätte sich gleich nach der ersten Ermahnung so lange Robert zuwenden müssen, bis er eingesehen hätte, daß das Werfen den anderen Kindern schadet. Im Extremfall hätte sie ihm die Schaufel wegnehmen oder ihn aus der Sandkiste entfernen müssen.

Immer wieder läßt sich beobachten, daß Eltern in unterschiedlicher Umgebung von ihren Kindern Unterschiedliches fordern. Was im Alltag erlaubt ist, wird oft verboten, wenn die Großeltern auf Besuch kommen. Plötzlich wird von den Kindern verlangt, sich ganz anders zu benehmen, weil die Großeltern meinen, daß man Kinder streng erziehen muß. Was heißt das für ein Kind? Haben die Eltern etwas falsch gemacht? Kann man sich nicht darauf verlassen, daß sie das Richtige tun?

Meist gelingt es nicht, die Kinder zu einem Verhalten zu bewegen, das die Großeltern für gut finden. Nach dem Besuch folgt dann der Familienstreit, weil alle alles falsch gemacht haben. Zuletzt fühlen sich alle schuldig, auch die Kinder, die ihre Eltern enttäuscht haben, obwohl sie doch so gewesen sind wie immer.

Wie soll das ein Kind verstehen? Wie soll es seine Eltern für stark halten und sich bei ihnen sicher fühlen, wenn diese angesichts der Großeltern selbst wieder zu ängstlichen Kindern werden, die auf Lob und Tadel ihrer Eltern warten?

Wenn Eltern überzeugt sind, daß ihre Erziehungsmethoden richtig sind, dann müssen sie dazu stehen, darüber diskutieren oder sich auch dann nicht von den tadelnden Worten und Blicken der Gäste aus der Fassung bringen lassen, wenn sie auf totales Mißverständnis stoßen. Eltern, die von ihren Erziehungsmethoden nicht überzeugt oder Partner, die nicht einer Meinung sind, bringen ihre Kinder um die Chance, sich innerhalb der Sicherheit klarer Grenzen in einem relativ angstfreien Raum entwickeln zu können. Grenzen sind notwendig, sie sind wie das Seil eines Bergsteigers oder das Netz eines Artisten. Sie dienen zum Anhalten, zum Dran-Hocharbeiten, und sie schützen vor dem Fall ins Nichts. „Das Nichts gebiert die Angst", stellte Sören KIERKEGAARD fest. Das Seil muß für den Bergsteiger stets erreichbar sein, einen Meter daneben nützt es nichts, es darf nicht vom Wind weggetragen werden, wenn er danach greift. Das Netz muß unter dem Trapez sein, nicht daneben, und es muß so fest sein, daß es nicht reißt, wenn der Artist fällt.

Grenzen müssen sicher sein, sie müssen vom Kind erlebbar und erkennbar sein, erreichbar und überschreitbar, nicht unendlich dehnbar wie ein Gummiband. Sie müssen dort sein, wo das Kind sie mit Recht vermuten darf, weil sie auch gestern dort waren, und sie dürfen morgen nur dann woanders sein, wenn sie mit dem Kind gemeinsam an einen neuen Platz gerückt wurden. In diesem Netz von Sicherheit wird ein Kind keine Angst haben müssen, wenn es sich den Grenzen nähert, im Gegenteil, es wird sie suchen, hinterfragen, für richtig erkennen oder manches Mal überschreiten, um sich ein Stück außerhalb neue aufzubauen. Was Eltern dazu beitragen können, beginnt schon im Säuglingsalter.

Aggression im Kleinkindalter

Im zweiten und dritten Lebensjahr beginnt das Kind sein eigenes Ich zu entdecken im Sinne von Willenskundgebungen, die denen der Erwachsenen konträr gegenüberstehen. Man spricht vom sogenannten Trotzalter. In welcher Form das Ich des Kindes dem Du, der Umwelt, entgegentritt, ist stark schwankend. Bei manchen Kindern ist der Trotz stark ausgeprägt und erstreckt sich bis zum Schlagen und Treten der Eltern, manche Kinder zeigen nur sehr wenig Trotzreaktionen.

Es ist nicht sinnvoll, dieses erwachende Ich des Kindes durch strenge Erziehungsmaßnahmen zu brechen, wo dies möglich und sinnvoll ist, soll es ruhig einmal anderer Meinung sein als die Eltern und seinen Willen auch in die Tat umsetzen. Wenn ihm dies erfolgreich gelingt, kann es sehr viel an Stärke und Selbstbewußtsein für sein späteres Leben gewinnen.

Sind die Reaktionen eines Kindes übermäßig heftig, dann sollten Eltern sich Gedanken machen, warum dies so ist. Wenn ein dreijähriges Kind vor der Auslage des

Spielzeuggeschäftes einen Wutanfall bekommt, weil die Mutter nicht sofort hineingeht und das gewünschte Spielzeug kauft, dann könnte es sein, daß dieses Kind in der postembryonalen Phase nicht genügend Triebbefriedigung erfahren hat und deshalb noch nicht aufschieben kann. Es wäre aber auch möglich, daß es über das Stadium der permanenten Bedürfnisbefriedigung noch nicht hinaus ist, weil es das Aufschieben nie als etwas Angenehmes erlebt hat oder weil es noch kaum aufschieben mußte, weil ihm ständig alle Wünsche von den Augen abgelesen wurden. Es hat sich noch nichts erarbeiten müssen – was auch für die spätere Schullaufbahn verhängnisvolle Folgen haben kann. Manche Kinder haben auch herausgefunden, daß die Mutter sich durch Schreien und Weinen dazu bewegen läßt, ihre Wünsche zu erfüllen, und sie setzen das Gebrüll vor dem Geschäft mit voller Absicht ein, um die rasche Befriedigung ihres Wunsches zu erzwingen.

Jeden Wunsch zu erfüllen, hätte verhängnisvolle Folgen, aber es ist möglich, die Situation des Verzichtenmüssens angenehm zu gestalten, indem man trotz des Zornesausbruches eines Kindes ruhig und gelassen bleibt und ihm so oft wie nötig liebevoll erklärt, daß und warum sein Wunsch nicht erfüllt werden kann. Vielleicht läßt es sich sogar mit der Erfüllung eines anderen Wunsches, die in dieser Situation möglich ist, zum Beispiel mit liebevollem Körperkontakt, trösten.

Mir ist durchaus bewußt, wie schwierig sich eine solche Situation in der Praxis und vor allem vor Publikum in der Öffentlichkeit gestalten kann. Aber es bleibt zu bedenken, daß es das eigene Kind ist, und nur dieses ist wichtig, nicht die Meinung irgendwelcher Fremder. Die Leute, die wohlmeinende Ratschläge erteilen, die sich meist im Bereich des Schlagens bewegen, denken dabei nicht an die Zukunft dieses Kindes. Die Eltern aber dürfen das auch vor Publikum tun.

Aggression kann nicht nur nach außen, auf die Umwelt, gerichtet sein, sie kann sich auch in verschiedenen selbstzerstörerischen Tendenzen äußern. Das Kind übernimmt im Laufe seiner Entwicklung die Normen und Forderungen der Eltern. Was es zunächst tut und unterläßt aus Liebe zu den Eltern, das wird ihm später selbstverständlich, wir sprechen von der Entwicklung des Über-Ich. Dieses Über-Ich hat auch die Aufgabe, Aggressionsausbrüche gegen andere im Zaum zu halten. ("Du darfst anderen nicht weh tun!") Wenn ein Kind sehr aggressiv ist (weil der Trieb von Haus aus sehr stark ausgeprägt ist oder weil es die starke Aggression einer großen Angst entgegensetzen muß) und sein Über-Ich sehr streng ist, wenn es also mit vielen Verboten und Geboten aufgewachsen ist und für deren Verletzung streng bestraft wurde, dann wird es nicht wagen, seine Aggressionen nach außen zu wenden. Ein solches Kind wird sich selbst gegenüber aggressiv reagieren, wird versuchen, statt der Umwelt sich selbst zu schaden und sich zu zerstören.

Der Bogen der Selbstzerstörung ist weit gespannt. Manche Kinder verletzen sich häufiger als andere, Jugendliche haben regelmäßig Fahrrad- oder Mopedunfälle. Sich mit spitzen Gegenständen die Haut aufzuritzen oder sich Zigarettenstummel auf der Hand auszudrücken, zählt ebenfalls zu den Symptomen der Autoaggression. Ob auch das Tätowieren hier hinzuzuzählen ist, ist selbst in der Fachliteratur umstritten. Sich bewußt einer Gefahr für Körper und Leben wie in manchen Extremsportarten auszusetzen, könnte ebenfalls unter dem Aspekt der Autoaggression betrachtet werden.

Das Nägelbeißen von Kindern, das manchmal als Nervosität abgetan wird, ist ein unübersehbarer Hinweis darauf, daß ein Kind Aggressionen mit sich herumträgt, die es sich nicht nach außen auszuleben getraut, die es aber in irgendeiner Form loswerden muß. Wenn ein Kind Nägel beißt, ist zu überlegen, welche Angst dahinter stehen könnte. Es ist wenig zielführend, dem Kind das Nägelbeißen zu verbieten oder es dafür gar zu bestrafen, ohne sich über die Ursachen Gedanken zu machen. Wenn das Kind vor dem Fernseher sitzt und sich einen spannenden Film anschaut und dabei an den Nägeln kaut, dann ist die Ursache klar ersichtlich: der Film macht angst, der Angst kann nicht mit anderen Mitteln begegnet werden, sie ist für das Kind schwer erträglich, außer den eigenen Fingern hat es im Moment nicht viel zur Verfügung, woran es seine in Aggression umgewandelte Angst abführen kann. Manche Kinder malträtieren in solchen Situationen ihre Röcke, Blusen, Hosen, Taschentücher, indem sie daran ziehen oder sie eindrehen, bis sie fast zerreißen.

Diese Angst vor dem Fernsehschirm ist vielleicht ein Anzeichen dafür, daß der Film für ein Kind noch nicht geeignet ist oder ihn das Kind nicht allein anschauen sollte, aber diese Angst ist nach dem Film vorbei, und auch das Nägelbeißen wird aufhören. Ständiges Nägelbeißen ist ein Zeichen, daß ein Kind vor etwas Angst hat. Es wird selbst aber nicht sagen können, was es fürchtet, denn sonst könnte es dieses Problem in einem Gespräch statt mit Nägelbeißen lösen. Es ist anzunehmen, daß diese Angst schon aus der frühen Kindheit stammt und daß es im jetzigen Leben Situationen gibt, welche diese Angst wieder vermehrt spürbar machen.

In einem solchen Fall muß mit einem Kind nicht sofort eine Therapie gemacht werden. Vielleicht stellt sich sogar schon dann ein gewisser Erfolg ein, wenn der Vater oder die Mutter das nägelbeißende Kind liebevoll in die Arme nimmt, die Finger streichelt und ihm so das Gefühl vermittelt „Ich hab' dich lieb." Wenn dieses Gefühl ehrlich ist, wird es dem Kind einen großen Teil seiner Angst nehmen.

Bei meinem Pflegesohn Alexander, der noch immer seine Ängste aus der postembryonalen Zeit mitschleppt und der fallweise an seinen Nägeln kaut, haben wir immer wieder Erfolg mit dieser Methode. Beim Nägelschneiden ignoriere ich die gekauten Stellen. Da den beiden Geschwistern die Fingernägel geschnitten werden, nehme ich auch seine Hände und finde etwas zum Wegschneiden. Wenn ich ihn dafür lobe, daß seine Nägel schon wieder um ein winziges Stückchen gewachsen sind, strahlt er. Das macht ihn stark. Und wer stark ist, hat weniger Angst.

Wie vielschichtig die Ursachen für aggressives Verhalten sein können und wie eine befriedigende Lösung herbeigeführt werden kann, soll ein weiteres Beispiel aus dem Alltag mit meinem Pflegesohn zeigen:

Alexander ist gerade sechs. Die große Schwester feiert mit ihren Freundinnen Geburtstag. Viele Gäste kommen. Einige Eltern der Mädchen sitzen in einem anderen Zimmer beisammen und plaudern. Alexander steht in diesem Geschehen daneben, irgendwie gehört er in dieser Situation nicht dazu. Die Mädchen wollen ungestört sein, die Erwachsenen reden über uninteressante Dinge, keiner beachtet ihn. Alexander wird immer lauter; ich ersuche ihn, entweder leiser zu sein oder in seinem Zimmer Krach zu machen. Vergeblich. Jede freundliche Ermahnung, jedes Hinausschicken erhöht die Lautstärke nur noch mehr. *Das Gefühl des Verstoßenwerdens, die Angst vor dem Alleingelassenwerden, wächst.*

Alexander beginnt, Körperkontakt zu mir zu suchen, indem er auf mich einschlägt. Diese Art der Kontaktsuche ist für ihn im Augenblick großer Angst die einzig mögliche. Sie ist Ausdruck seiner Unsicherheit: einerseits will er meine körperliche Nähe, andererseits ist er unsicher, ob ihm diese Nähe gewährt wird, und zieht sich nach jedem Schlag auch rasch ein paar Schritte zurück. Das Gespräch am Tisch ist mittlerweile verstummt. Alle beobachten gespannt, wie dieses Spiel weitergeht. Die rascheste Lösung wäre gewesen, Alexander in sein Zimmer zu tragen und dort einzusperren, das heißt, auf die Erfüllung der Forderung zu bestehen, den Lärm in seinem Zimmer zu machen. Für Alexander hätte das bedeutet, mit seiner Angst alleingelassen zu werden und seine Angst bestätigt zu bekommen: „Mich hat niemand lieb."

Eine zielführende Lösung ist, dem Wunsch des Kindes nach Körperkontakt nachzugeben. Ich nehme Alexander auf den Schoß, obwohl er sich vehement dagegen sträubt, und halte ihm mit Nachdruck, aber ohne ihm wehzutun, die Hände fest, damit er micht nicht weiter schlagen kann. (Später hätte er deswegen Schuldgefühle, die ihm so erspart bleiben.) Alexander hat nun die totale Verbundenheit mit mir, um deren Verlust seine Angst gerade kreist. Mit beruhigender, fester Stimme wiederhole ich immer wieder: „Ich laß' dich nicht los, solange es dir nicht gut geht. Ich möchte, daß du bei mir bleibst."

Ein unter den Gästen anwesender Neurologe und Analytiker trägt seinen Teil zur Lösung der Situation bei. Er lenkt die Aufmerksamkeit der Gesellschaft vom Kind ab, indem er die Gäste in ein belangloses Gespräch

verwickelt, er wendet sich körperlich so weit wie mög-
lich ab. Für Alexander entsteht ein Gefühl der totalen
Verbundenheit zwischen ihm und mir; die anderen wen-
den sich weg, sie gehören nicht mehr dazu, nur er und
ich bilden eine geschlossene Einheit. Langsam wird er
ruhig, bis er sich schließlich liebkosend an meine Wan-
gen schmiegt, mich küßt, von meinem Schoß gleitet und
mit seinen neuen Turtles auf dem Fußboden neben dem
Eßtisch spielt.

Dieses Beispiel ist keine Patentlösung für alle Aggressionsausbrüche. Es soll jedoch demonstrieren, wie wichtig
es ist, die Ursachen für aggressives Verhalten zu erforschen, und wenn dies nicht allein gelingt, nötigenfalls
die Hilfe von Fachleuten in Anspruch zu nehmen.
Außerdem sollte daraus hervorgegangen sein, daß Aggression nicht mit Gegenaggression in den Griff zu bekommen ist.

Ängste im Schulalter

Es gibt wohl keinen Zeitraum im Leben eines Kindes, in dem es so viel Angst empfindet wie in der Schule. Keine Person, keine Sache, keine Situation, die nicht einigen oder zumindest wenigen Schulkindern angst macht. Trotz langen Nachdenkens ist mir dagegen kein Beispiel aus dem Schulbereich eingefallen, wo wir mit Sicherheit sagen können, daß davor niemand Angst hat.

Schon das große Gebäude, das riesige Tor, die langen Korridore können einem kleinen Kind angst machen, wenn es dementsprechend auf den Schulbesuch vorbereitet wird: „Warte nur, wenn du in die Schule kommst!" „Jetzt beginnt der Ernst des Lebens!" „Die in der Schule werden dir schon sagen, wo's lang geht!" „Warte nur ab, in der Schule weht ein anderer Wind!" Solche und ähnliche Sätze bekommen Kinder schon im Vorschulalter zu hören. Mit dieser Einstimmung ist es nicht verwunderlich, wenn der erste Schritt durch das große Tor von Angst begleitet ist.

Der Schulalltag der kommenden Jahre hält aber noch viele andere Möglichkeiten zum Angsthaben bereit. Jede Aufzählung, und sei sie auch noch so ausführlich, muß unvollständig bleiben: Der Schulgeruch, der Schulwart, der Lehrer, die Lehrerin, der Direktor, die Direktorin, die Mitschüler, das Lernen, die Strafen, die Noten, die Möglichkeit zu versagen, das Bösesein der Eltern bei schlechten Leistungen, das Gefühl „Ich kann nichts", andere Mitschüler auf dem Heimweg, die schutzlose Zeit in den

Pausen, das Nicht-akzeptiert-Werden durch Mitschüler und Lehrer und viele andere Situationen können in einem Kind die Angst so groß werden lassen, daß es bei Prüfungen versagt, ständig krank ist, seine Angst durch Aggressivität zu bewältigen sucht, den Unterricht stört oder der Schule überhaupt fernbleibt.

Angst vor Leistungsanforderungen

Ich werde in diesem Kapitel nur auf die wesentlichsten Angstfaktoren eingehen. Allen voranstellen will ich den Bereich der Leistung. Unser Schulsystem ist grundsätzlich auf Leistung aufgebaut, der Schüler wird gemessen an den Leistungen, die er zu erbringen imstande ist. Daher besteht in diesem Bereich auch die größte Gefahr, daß Ängste entstehen können.

Ich habe bereits darauf hingewiesen, wie wesentlich die Leistungsbereitschaft eines Kindes mit dessen früher Entwicklung zusammenhängt. Ein Kind, dessen Selbstwertgefühl sich im Säuglings- und Kleinkindalter entsprechend entwickeln konnte, das gelernt hat, seine Fähigkeiten, aber auch seine Grenzen richtig einzuschätzen, hat kaum Schwierigkeiten, jene Leistungen zu erbringen, zu denen es in der Lage ist. Es empfindet Freude darüber, etwas geschafft zu haben, es verfügt über die nötige Motivation, um zu lernen und Hausaufgaben zu machen. Ein seelisch gesundes Kind kann aus einer zu seiner Zufriedenheit und zur Zufriedenheit seiner Lehrer und Eltern erbrachten Leistung Befriedigung gewinnen, das heißt, Kraft für neue Leistungen tanken.

Im Leistungsbereich läßt sich ein Zuwenig an Leistung beobachten, aber auch ein Zuviel. Wesentlich ist, „ob die

Leistungsanforderungen so an ein Kind herangetragen werden, daß wirkliche Liebe und Zuneigung dafür geboten wird, oder ob die Leistungsanforderung so geartet ist, daß nur das Versagen bemängelt und getadelt wird, während die gute Leistung eine Selbstverständlichkeit darstellt, die kaum beachtet wird."[1]

Eine Mutter sucht Hilfe bei mir, weil ihre sechsjährige Tochter zwei Monate nach Schulbeginn zurückgestellt werden soll. Am Telefon spricht sie vor allem von der Schande, wie sie das den Großeltern beibringen soll, schließlich sind in der Familie alle intelligent, ihr Mann hat studiert, sie hat mit Auszeichnung ihr Abitur bestanden, sie hätte auch spielend leicht ein Studium geschafft, aber sie hat ein Kind bekommen und deshalb geheiratet und auf eine Karriere verzichtet. Sie ist am Telefon fast nicht zu bremsen, wie sie sich in Selbstmitleid ergeht. Wie es ihrer Tochter geht, darüber spricht sie nicht.

Zum Erstgespräch bringt sie das kleine Mädchen mit, tip-top gekleidet wie eine junge Dame. Sie gibt höflich die Hand, setzt sich auf den ihr angebotenen Stuhl und spricht nur, wenn sie gefragt wird. Es stellt sich heraus, daß Claudia gerade erst sechs geworden ist. Sie ist also vorzeitig in die Schule eingetreten. Den dazu notwendigen Test hat sie spielend geschafft, sie ist schließlich genauso intelligent wie ihre Eltern. Daher ist es für die Mutter unbegreiflich, daß Claudia den Leistungsanforderungen der ersten Klasse nicht entspricht. Sie hat schließlich von Anfang an gelernt, daß man im Leben etwas leisten muß, man hat ihr jede Möglichkeit dazu

---

[1] *Dührssen, Annemarie:* Psychogene Erkrankungen bei Kindern und Jugendlichen. Göttingen [9]1972, Seite 145.

geboten, kein Spielzeug, das zu Leistung motiviert, war den Eltern zu teuer, alles hat sie gehabt, überall ist sie gefördert worden. Claudia sitzt noch immer schweigend bei uns, ihr Kopf sinkt immer tiefer, ihr Schuldbewußtsein ist deutlich spürbar. Ich frage sie, was sie in der Schule Schönes gelernt hat. Claudia zuckt mit den Achseln und zieht die Mundwinkel nach unten. Ich biete ihr an zu zeichnen. Sie lächelt und nickt mit dem Kopf. Ich lege ihr Papier und Buntstifte auf den Tisch. Sofort greift sie danach und malt. Ein Haus, einen Baum, viele Blumen, blauen Himmel. Claudia benützt nur das untere Drittel des Blattes.

Während das Mädchen zeichnet, erzählt mir die Mutter weiter aus ihrem Leben und dem der anderen Familienmitglieder. Was immer ich zu hören bekomme, hat irgend etwas mit Leistung zu tun. Ihr Mann leistet viel in seinem Beruf, hat große Verantwortung für eine technische Versuchsreihe bei einer renommierten Firma, aber er wird auch gut bezahlt dafür – folglich muß er auch etwas Entsprechendes leisten. Sein Bruder, mit dem gibt es keinen Kontakt, der ist das schwarze Schaf der Familie. Der hat sich durch die Schule gequält, hat Tausende Schilling für Nachhilfe verbraucht und schließlich doch sein Abitur nicht gemacht. Er ist nicht dumm, aber er macht nichts aus seiner Intelligenz. Er jobt sich durchs Leben und behauptet allen Ernstes, er würde ein solches Leben genießen – kleine Wohnung, kein Auto, kein Landhaus, kein Geld. Dabei ist er doch aus seiner Jugend einen ganz anderen Standard gewohnt. Zu Parties kann man ihn nicht einladen, man muß sich vor den Freunden für ihn schämen. Wenn Claudia jetzt schon anfängt, nichts zu leisten, wird sie womöglich wie ihr Onkel, dabei kann der nicht ihr Vorbild sein, denn sie sieht ihn so gut wie nie.

Währenddessen hat Claudia ihre Zeichnung beendet. Ich nehme das Blatt, betrachte es lange schweigend, das Mädchen und die Mutter werden sichtlich unruhig. „Das hast du ganz toll gemacht", sage ich, „sogar deinen Namen kannst du wunderschön schreiben." Claudia sieht mich erstaunt an. „Aber das muß ich doch können, wenn ich in die Schule gehe!" Die Mutter schüttelt mißbilligend den Kopf und nimmt mir das Blatt aus der Hand. „Das hast du schon viel besser gemacht, heute sind die Blumen wieder viel zu groß, oder glaubst du wirklich, Blumen können so groß werden wie ein Haus!"

Das ganze Dilemma dieses Kinderschicksals liegt nach dieser ersten Begegnung offen da. Gute Leistungen sind für dieses Mädchen selbstverständliche Pflicht. Schließlich hat sie von den Eltern alle erdenklichen Möglichkeiten zur Leistungsförderung geboten bekommen. Mut wurde ihr nie zugesprochen, wenn sie versagte. Statt dessen würde ihr ein neues Lernspielzeug angeboten. (Das soll nicht heißen, daß ich mich gegen Lernspielzeug ausspreche, aber das beste Spielzeug verfehlt seinen Zweck, wenn damit so umgegangen wird, wie in dieser Familie.)

Ich konnte die Mutter in einem weiteren Gespräch, das ich mit ihr allein führte, davon überzeugen (oder sie zunächst zumindest überreden), daß es nur einen Weg gibt, um ihrer Tochter das Schicksal wie ihrem Schwager zu ersparen. Nachhilfestunden würden auch sie nicht durch das Abitur bringen. Das Problem liege nicht darin, daß Claudia nicht in der Lage sei, das zu erfassen, was die Lehrerin erklärt, sie brauche niemanden, der ihr alles noch einmal beibringt, das Problem sitze viel tiefer. Es sei unbedingt notwendig, am Problem zu arbeiten, nicht am Symptom, an der Leistungsverweigerung.

Claudia wurde zurückgestellt. Sie besuchte eine Vorschulklasse und trat im nächsten Schuljahr normalaltrig in die erste Klasse ein. Während dieses Jahres arbeitete ich intensiv mit beiden Elternteilen im gemeinsamen Gespräch. Es gelang uns, das Entstehen dieser extremen Leistungsorientiertheit aufzudecken und ein Bewußtsein dafür zu schaffen, wie verunsichert und ängstigend es für Claudia war, ständig Leistungen erbringen zu müssen und für gute Leistungen nicht einmal gelobt, für schlechte aber getadelt oder mit neuen Leistungsanforderungen bestraft zu werden. Beide Elternteile weinten in mehreren Sitzungen, wenn sie sich daran erinnerten, wie es ihnen als Kinder gegangen war, wenn sie Leistungen nicht erbringen konnten, welche Angst sie ausgestanden hatten, daß die Eltern sie nicht mehr lieben würden. Konflikte im gegenwärtigen Leben des Paares wurden aufgedeckt. Die Frau litt darunter, mit ihrer Intelligenz nicht mehr angefangen zu haben als zu heiraten und ein Kind zu bekommen. Stellvertretend für ihr verpaßtes Studium mußte das Kind leisten.

Nach und nach, mit wachsender Einsicht in ihre eigene Vergangenheit, gelang es den Eltern, mit Claudia anders umzugehen, sie zu loben, ihre Leistungen als etwas Wertvolles zu schätzen und nicht als selbstverständlich hinzunehmen. Claudia bekam dadurch die Möglichkeit, ihren Eltern täglich kleine Geschenke zu machen, indem sie altersadäquate Leistungen erbrachte. Eltern und Kind lernten, stolz aufeinander zu sein und auf das, was sie gut konnten, anstatt sich für das zu schämen, was sie nicht konnten. Auch am Bruder/ Schwager begannen sie positive Seiten zu sehen, ihn manches Mal sogar um seinen großen Freiraum zu beneiden. Die Kontakte wurden wieder intensiviert.

Heute geht Claudia in die vierte Klasse Grundschule.
Sie ist eine ausgezeichnete Schülerin. Nächstes Jahr wird
sie das Gymnasium besuchen und voraussichtlich auch
ohne Probleme das Abitur schaffen. Der Vater trägt noch
immer viel Verantwortung, aber sein Beruf ist mittler-
weile nicht mehr sein einziger Lebensinhalt. Die Mutter
hat vor zwei Jahren an der Wirtschaftsuniversität zu stu-
dieren begonnen.

Stark ausgeprägte Leistungsbereitschaft kann die Folge
einer positiven frühkindlichen Entwicklung sein, es gibt
aber immer wieder Kinder, deren Leistungswilligkeit
zwanghaft ist. Allerdings fallen diese viel weniger auf als
solche, die Leistung verweigern. Nicht jeder Muster-
schüler fühlt sich aber zwangsläufig wohl in der Schule.
Wenn ein Kind ständig gute Leistungen erbringt und davon gar nicht genug bekommen kann, wenn es dauernd
Situationen sucht, in denen es Leistungen erbringen
muß, sich aber an seinen eigenen Erfolgen nicht wirklich
erfreuen kann, wenn ihm die Fähigkeit zum Genuß eines
Erfolges abhanden gekommen zu sein scheint, liegt der
Verdacht nahe, daß die guten Leistungen eine *neurotisch
zwanghafte Handlung* darstellen, auf die das Kind gar
nicht verzichten kann, ohne maßlose Angst und größtes
Unbehagen zu empfinden.

Ich werde im Kapitel über neurotische Angstzustände
auf die Entstehung solcher neurotischen Zwangshand-
lungen genauer eingehen. Selbsthilfe ist in einer solchen
Situation nicht möglich, eine genaue Diagnose kann nur
ein Fachmann oder eine Fachfrau stellen. Die Entste-
hungsgeschichte jedes zwangsneurotischen Handelns
kann nur individuell im Rahmen einer Therapie mit
dem Kind erarbeitet werden. Die wichtigsten Anhalts-
punkte für Eltern und Lehrer, wenn es gilt zu entschei-

den, ob der Lerneifer eines Kindes zwanghafter Natur ist, sind die geringe bis gar keine Freude über gute Leistungen und die deutlich sichtbaren Angst- und Unruhezustände, wenn keine Möglichkeit für eine gute Leistung geboten ist, das totale Verzweifeln bei einer ausnahmsweise schlechten Leistung.

Hier kann nur ein Therapeut helfen, und Hilfe tut not angesichts der Gefährdung solcher Kinder. Mit der Steigerung der Leistung geht meist eine Abnahme der sozialen Kontakte einher. Ein solches Kind fällt dadurch auf, daß es sich von allen Mitschülern zurückzieht, daß es sich mehr und mehr nur auf das Lernen konzentriert, aber keine anderen altersentsprechenden Interessen hat. Es wird in den Pausen kaum mit anderen Kindern plaudern, schon gar nicht sich an irgendwelchen Streichen beteiligen, und es wird auch in der schulfreien Zeit keine Kontakte mit gleichaltrigen Freunden pflegen. Solche Kinder laufen häufig Gefahr, zu Prügelknaben einer Klasse zu werden. Oft fällt den Kindern eher als den Lehrern auf, daß einer „anders" ist, er wird gehänselt und wehrt sich nicht, er wird geschlagen und wehrt sich noch immer nicht. Nichts kann ihn aus seiner zwanghaften Welt herausholen.

Eine andere Gefahr für solche Kinder besteht dann, wenn es ihnen einmal nicht gelingt, die geforderten Leistungen zu erbringen. Jeder Mensch, auch der fleißigste und klügste, ist manchmal mit solchen Situationen konfrontiert. Das gesunde Kind kann damit umgehen, kann mehr üben oder die Leistungsanforderungen zurückschrauben. Das neurotische Kind hat diese Möglichkeit nicht. Eine Welt bricht zusammen, wenn ein solches Kind versagt. Im Extremfall kann dies sogar bis zum Selbstmord führen. Natürlich ist nicht jedes strebsame, fleißige Kind neurotisch, die Übergänge von gesundem

Fleiß zu neurotischem Ehrgeiz sind fließend. Wenn jedoch Lehrern oder Eltern auffällt, daß ein Kind sich von der Umwelt absondert und zum Einzelgänger wird, dann ist dies in jedem Fall zumindest als ein Alarmsignal zu werten.

Bisher haben wir von der Überbewertung der Leistung und deren Folgen gesprochen, mindestens ebenso viele Kinder aber leiden in der Schule deshalb, weil Leistungen in ihrem ganzen bisherigen Leben unterbewertet wurden. Ein Kind, das für die ersten Schritte nicht gelobt wird, nicht für das erste Häufchen im Topf, nicht für das erste Wort, wird im späteren Leben mit dem Erbringen von Leistungen nichts Positives verbinden können. Ein Kind, das einmal gelobt wird, weil es laufen kann und gleich darauf geschimpft wird, weil es diese Fähigkeit benützt, um sich von den Eltern wegzubewegen, wird verunsichert und ängstlich.

Eltern, die ihre eigenen Leistungen im Beruf und im Privatleben gering schätzen, gehen mit den Leistungen ihrer Kinder häufig ähnlich um. Die Kinder wiederum lernen nicht, ihre eigenen Leistungen als etwas Wertvolles zu betrachten. Manche Eltern gehen sehr unterschiedlich mit Leistungen um. Sie fordern eine Zeitlang gar nichts von ihren Kindern, lassen sie einfach machen, was sie wollen, setzen kaum Grenzen, doch in Streßsituationen kippen sie plötzlich ins Gegenteil und stellen Leistungsanforderungen, welche die Kinder nicht zu bewältigen gewohnt sind, und an denen sie daher auch zwangsläufig scheitern. Wenn Kinder zum Beispiel nie ihre Spielsachen aufräumen müssen, bevor sie ins Bett gehen, dann werden sie dieser Forderung auch dann nicht nachkommen, wenn Gäste im Haus sind, denen die Eltern demonstrieren wollen, wie gut ihre Kinder erzogen sind. All diese Kinder werden mit einer Einstellung zur Leistung in die Schule kommen, die ihnen und den Lehrern das Leben und Überleben in der Schule nicht gerade leichtmacht.

Ein Kind dagegen, das gelobt wird, wenn ihm etwas gelingt, dem geholfen wird, wenn es Hilfe braucht, aber *nur* wenn es Hilfe braucht, das kontinuierlich gerade so viel gefordert wird, wie es seinen Fähigkeiten entspricht, das seine eigenen Grenzen der Leistungsfähigkeit kennenlernen durfte, ein solches Kind wird es als positiv empfinden, eine Leistung, die seinem Können angemessen ist, erbringen zu dürfen. Es wird somit in der Schule wenig oder keine Angst davor haben, dem Lehrer und den Mitschülern zu zeigen, was es kann oder gelernt hat. Es wird Prüfungen bestehen, sofern es sich die entsprechende Zeit zum Lernen genommen hat, es wird neuen Aufgaben offen und bereit gegenüberstehen. Mit anderen Worten: Es ist bereit, seine Schullaufbahn erfolgreich abzuschließen.

Das mag so klingen, als wäre die Schullaufbahn schon vor Schuleintritt vorprogrammiert. Zum Teil trifft dies zu, doch auch während der vielen Schuljahre kann noch vieles geschehen, was die Kinder bereit macht für schulische Leistungen, aber auch vieles, was ihren Leistungswillen hemmt oder völlig lahmlegt. Die Entwicklung in der Schule kann niemals abgehoben von der frühen Kindheit gesehen werden. Der beste Lehrer kann nicht alles gutmachen und nachholen, was verabsäumt wurde. Der schlechteste Lehrer kann aber auch nicht alles kaputtmachen, was an positiven Grundsteinen gelegt wurde. Was aus einem Kind mit gutem Grundstein bei einem guten Lehrer alles werden kann, läßt sich abschätzen, was ein schlechter Lehrer bei einem Kind mit mangelnder Basis im Leistungsbereich anrichten kann, allerdings auch.

Angst vor Leistungsbeurteilung

Jeder Lehrer hat – abgesehen davon, daß er den Unterricht interessant und spannend gestalten kann – zwei Instrumentarien zur Verfügung, um die Leistungsbereitschaft seiner Schüler zu fördern oder zu bremsen, um Freude am Lernen oder Angst vor dem Versagen in den Vordergrund treten zu lassen, ein offizielles und ein inoffizielles: Noten und die persönliche Art des Umgangs mit den Leistungen seiner Schüler, die der ganzen Palette entsprechen kann, wie wir sie vorhin für die Eltern aufgezeigt haben.

Seit Jahren läuft die Diskussion, ob Noten abgeschafft werden sollen, ob eine verbale Beurteilung angemessener wäre. Beides wurde und wird in der Praxis erprobt, und überall lassen sich positive und negative Beispiele finden. Die Annahme liegt daher nahe, daß es für ein Kind viel weniger entscheidend ist, ob unter der Schularbeit eine Note oder eine ellenlage Erklärung steht, als das ganze Rundherum: welche Worte der Lehrer findet, wenn er das Heft zurückgibt, welche Stellung ein Schüler im Klassenverband hat, wie die Eltern mit der guten / schlechten Note ihres Sprößlings umgehen.

Ein „Nicht genügend" zurückgegeben mit dem wohlwollenden Satz „Fast hättest du es diesmal geschafft, ganz wenig noch, und deine Leistungen sind positiv; für die nächste Arbeit bin ich sehr zuversichtlich; frag mich, wenn du dich nicht auskennst, ich helfe dir gern", ein solches „Nicht genügend" tut weniger weh als ein „Genügend" mit dem Kommentar: „Mach nur so weiter, du schaffst sicher auch noch einen Fleck. Dir trau' ich das zu, trotz all deiner Intelligenz." Ein „Sehr gut" zurückgegeben mit dem Kommentar: „Was anderes hätte ich auch nicht zur Kenntnis genommen!" ist weniger wert als ein „Gut" mit dem Kommentar: „Toll, wie du dich in letzter Zeit bemühst, du bist eine wirklich gute Schülerin."

Ein „Befriedigend" kann der erste Schritt zum Erfolg oder auch die erste Stufe zum Abstieg sein, je nach Kommentar des Lehrers. Hänselnde oder anerkennende Klassenkameraden können ihr Scherflein dazu beitragen, mit welcher Lust oder Unlust der Schüler sich ans Lernen für die nächste Schularbeit macht und mit wieviel Angst oder gespannter, aber positiver Erwartung er die nächste Schularbeit schreibt.

Wesentlich für einen Schüler ist, wie die Eltern reagieren, wenn es mit der Schularbeit oder dem Prüfungsergebnis nach Hause kommt. Die Angst, die Kinder empfinden, bezieht sich nicht auf die Note als solche, sondern auf die Reaktion, die von den Eltern zu erwarten ist. Der Grad der Note ist kein Maßstab für die Angst, diese orientiert sich an dem bisher Erlebten. Manche Kinder können ein „Nicht genügend" nach Hause tragen, ohne deswegen zu zittern. Andere brechen bei einem „Befriedigend" in Tränen aus.

Für manche Eltern ist nur ein „Sehr gut" eine Leistung, alles andere zählt nicht, andere wiederum zeigen sich den Leistungen ihrer Kinder gegenüber völlig gleichgültig. Solange sie nicht ein Schuljahr wiederholen müssen, können sie jede beliebige Note heimbringen. Das bedeutet, daß Leistung und Bemühen nicht wirklich anerkannt werden und für das Kind daher auch nicht sehr erstrebenswert sind. Ein Mittelmaß an Leistung reicht aus, um die Eltern zufriedenzustellen, mehr an Lob und Freude ist ohnehin nicht zu erwarten, wozu also dann noch weitere Anstrengungen? Ein solches Kind wird immer mittelmäßig sein und sich wahrscheinlich auch mittelmäßig fühlen.

Andere Eltern wiederum wollen mit allen möglichen Mitteln erreichen, daß ihre Kinder sehr gute Schüler sind. Sie loben zwar ihre Kinder, wenn sie gute Noten haben, wenn sie also dem Wunschbild, das sie von ihren Kindern haben, entsprechen, bei schlechteren Noten aber – schlechter fängt oft schon bei „Befriedigend" oder sogar bei „Gut" an – tadeln und strafen sie unverhältnismäßig streng. Sie lassen ihre Kinder fühlen, daß sie ein „dummes" Kind nicht mögen. Das Kind aber, das von seinen Eltern doch um jeden Preis geliebt werden will, verbindet mit einer schlechten Note die Angst, die Liebe der Eltern gänzlich zu verspielen. Je öfter es versagt, desto größer wird die Angst vor dem Liebesverlust, je größer die Angst vor dem Liebesverlust, desto häufiger versagt ein solches Kind. Es kann lernen, soviel es will, es wird sich bei einer Schularbeit nicht mehr auf die gestellten Aufgaben konzentrieren können, statt dessen wird es sich dauernd mit der Frage belasten „Was sagen meine Eltern, wenn ich es wieder nicht schaffe?"

Nicht zu vergessen sind allerdings jene schlechten Noten, die tatsächlich aus Faulheit entstehen oder weil der Kinobesuch oder der Spaziergang mit der Freundin wichtiger war als die Schularbeit. Sicherlich, kein lobenswertes Verhalten, und Eltern müssen in einer solchen Situation mit ihrer Meinung und ihren Wünschen auch nicht hinter dem Berg halten. Vater und Mutter dürfen zum Ausdruck bringen, daß sie sich über gute Noten mehr freuen als über schlechte. Ein kleines „Zuckerl" – wenn die nächste Schularbeit wieder so gut ausfällt, wie die Eltern dies bisher erwarten durften, dann geht der Kinobesuch nach der Schularbeit auf Kosten des Vaters – kann zu eifrigerem Lernen animieren. Ein Kind, das eine von Grund auf positive Einstellung zur Leistung hat, wird durch eine verpfuschte Schularbeit auch keine Probleme bekommen. Es hat eben einmal die Grenzen seiner Leistungsfähigkeit – man merkt sich eben doch nicht alles, wenn man es in der Schule nur einmal gehört hat – erfahren müssen und wird sich in nächster Zeit seiner eigenen Grenzen wieder besinnen und eifriger lernen.

Wenn Eltern feststellen, daß ihre Kinder in der Schule nicht die von ihnen erwarteten Leistungen erbringen, dann sollten sie sich zunächst einmal Gedanken über die Ursachen machen. Hatte das Kind in den Jahren vor der Schule die Chance, eine positive Leistungseinstellung zu entwickeln? In vielen Schulen gibt es Beratungspersonen, die gerne bereit sind, ihr Wissen und ihre Erfahrung zur Verfügung zu stellen, um gemeinsam mit den Eltern zu erarbeiten, in welchem Bereich Defizite entstanden sein könnten. Die Lehrer in der Schule und die Eltern zu Hause müssen Möglichkeiten suchen und nützen, welche Gelegenheit bieten, dem Kind das Gefühl zu vermitteln „Ich kann etwas!" Dabei sollte stets darauf geachtet werden, daß dem Kind nicht zu viel abverlangt wird, denn Situationen des Versagens sind anfänglich noch nicht bewältigbar und führen allzuleicht wieder zu Resignation. Wenn das Kind beginnt, Freude an erbrachten Leistungen zu entwickeln, wird es von sich aus nach neuen, schwierigeren Aufgaben suchen und sich später selbst auch an solche Aufgaben heranwagen, deren Bewältigbarkeit nicht von Anfang an feststeht.

Dieser Weg ist sehr lange und mühsam, er erstreckt sich über Monate oder sogar Jahre, und Eltern sollten regelmäßig Hilfe und Beratung seitens der Schule annehmen. Lehrer und Eltern sollten sich um Zusammenarbeit bemühen. Wenn die Schule weiterhin gnadenlos überfordert, werden alle Bemühungen der Eltern scheitern. Selbstverständlich kann auch die Schule keine Wunder wirken, wenn die Eltern nicht mitspielen.

Oft ist die Leistungsbereitschaft der Kinder ein Spiegel für die Leistungsbereitschaft der Eltern, daher kann manches auch dadurch zum Positiven verändert werden, daß die Eltern sich damit auseinandersetzen, wie sie selbst mit Leistungsanforderungen umgehen, ob sie etwa selbst glauben, immer alles falsch zu machen. Niemand sollte sich scheuen, auch für sich selbst, nicht nur für die Kinder, die Hilfe von speziell ausgebildeten Lehrern, Psychologen oder von Beratungsstellen in Anspruch zu nehmen. Oft genügen einige Gespräche, um die blinden Flecken (das sind jene Verhaltensweisen, die man an sich selbst nicht wahrhaben will) zu erhellen. Nur was man erkennt, kann man ändern.

Nicht zu vergessen ist auch, daß es intelligentere Kinder gibt und solche, die mit weniger Intelligenz ausgestattet sind, die trotz eifrigen Lernens kein „Sehr gut" erreichen, die aber trotzdem Freude am Lernen haben, wenn von Lehrern und Eltern anerkannt wird, daß sie sich bemühen. Im späteren Leben stellt sich oft heraus, daß es nicht die intelligentesten Kinder sind, die sich bewähren, sondern jene, die Freude an der Arbeit haben, sei es nun geistige oder körperliche. Allzu große Intelligenz kann auch zum Nichtstun verführen. Kinder, denen anfänglich jeder Erfolg in den Schoß fällt, versagen manchmal später, weil sie nicht gelernt haben, sich anzustrengen.

Eine Schullaufbahn ist nicht dann als erfolgreich zu bezeichnen, wenn ein Kind möglichst viele „Sehr gut" hat (auch Kinder mit neurotisch zwanghaftem Leistungsdenken haben ausgezeichnete Noten), sondern wenn ein Kind ohne ständige Angst vor dem Versagen und dem damit verbundenen Liebesverlust mit Freude bereit ist, sich an neue Aufgaben heranzuwagen und sie zu lösen, wenn es bereit ist, bis an die Grenzen seiner Leistungsfähigkeit heranzugehen und diese damit ständig zu erweitern. Wo diese Grenzen liegen, ist individuell verschieden, sie liegen zwischen „Sehr gut" und „Nicht genügend".

Akzeptanz und Ablehnung im Klassenverband

Angst in der Schule entsteht aber nicht nur, wenn ein Kind versagt, wenn es die geforderte Leistung nicht erbringen kann und dafür bestraft wird, Angst entsteht auch aus dem Zusammensein mit Lehrern und Mitschülern. Nicht alle Kinder sind in ihre Klassengemeinschaft integriert. Nicht alle Lehrer sind zu allen ihren Schülern gleich nett und freundlich, nicht alle Kinder sehen hübsch, nett und adrett aus, nicht alle Kinder duften, manche stinken. Ein paar kurze Beispiele sollen verdeutlichen, was in einer Klassengemeinschaft alles geschehen kann, und welche Auswirkungen dies auf die Leistungen beziehungsweise auf die Leistungsverweigerung haben kann.

Ein Bub muß die dritte Grundschulklasse wiederholen. Die neue Lehrerin nimmt zunächst an, er habe, aus welchen Gründen auch immer, den Lehrstoff nicht verstanden. Bald aber stellt sie fest, daß der Bub die an ihn gestellten Leistungsanforderungen spielend bewältigt. Jetzt erst liest sie im Schülerbeschreibungsbogen nach, was die vorige Lehrerin über den Buben hineingeschrieben hat. Ihr springt ein Satz besonders ins Auge: „Der Schüler windet häufig und wird deshalb von der ganzen Klassengemeinschaft abgelehnt." Die neue Lehrerin hat anfangs, ohne das Problem des Vorjahres zu kennen, „darüber hinweggerochen", somit haben auch die ande-

ren Kinder nichts gesagt, und der Bub wurde nicht abgelehnt. Er wurde von allen akzeptiert, fühlte sich wohl in der Klasse, hatte durchschnittliche Noten und konnte seltsamerweise nach einiger Zeit sogar seinen Schließmuskel beherrschen. Er hatte keine Angst mehr, von der Lehrerin vor der ganzen Klasse bloßgestellt zu werden, sondern ging jeden Morgen freudig in die Schule.

Ein Sonderschullehrer, achte Klasse, konnte gut umgehen mit schwach begabten Kindern. Schüler dagegen, die nicht wegen ihrer geringen Intelligenz, sondern wegen ihrer sozialen Herkunft in seiner Klasse saßen, bereiteten ihm Schwierigkeiten. Er mochte sie einfach nicht und ließ es sie auch spüren. Markus wurde zu ihm in die Klasse versetzt. Die Kleidung des Burschen war ungepflegt. Dusche gab es zu Hause keine, daher war er meist auch ungewaschen, zwei Schneidezähne fehlten ihm, sie waren herausgefault, weil die Mutter mit dem Buben noch nie einen Zahnarzt aufgesucht hatte. Einen Kamm schien es in diesem Haushalt nicht zu geben.

Als Markus ein paar Wochen diese Klasse besucht hatte, fiel dem Lehrer ein origineller Scherz ein. Er zeichnete einen Esel an die Tafel, machte ihm struppiges Haar, eine Zahnlücke, einen buschigen, gehobenen Schwanz und ein Häufchen Kot auf den Boden. Dann fragte er die Klasse: „Wer ist das?" Ein einstimmiger Chor antwortete: „Der Markus!" Schallendes Gelächter. Von diesem Tag an hat Markus keinen Tag mehr die Schule besucht.

Markus versuchte seine Angst dadurch zu bewältigen, daß er sich der angstmachenden Situation entzog. Es ist anzunehmen, daß er schon als Säugling die liebevolle Akzeptanz, wie sie durch Stimme und Gesten der Bezugspersonen vermittelt wird, entbehren mußte. Er konnte sich nie wirklich akzeptiert fühlen, konnte somit auch kein Selbstwertgefühl aufbauen, sich daher auch nichts zutrauen und somit keine Leistungsbereitschaft entwickeln. So, wie er sich damals der Schule entzog, entzieht er sich heute der Arbeit. Es gelingt ihm immer nur für wenige Wochen, an einer Arbeitsstelle zu bleiben. Das „Eselsphänomen" verfolgt ihn sein Leben lang.

Manche Kinder flüchten vor der Schule, vor den Leistungsanforderungen in die Krankheit. Es gibt Kinder, die viel häufiger als andere krank sind und deshalb nicht in die Schule gehen können. Der Verdacht, daß diese häufigen Krankheiten auch etwas mit der Schule zu tun haben, liegt nahe und sollte überprüft werden.

Einige wenige Kinder bleiben der Schule überhaupt fern, was nicht bedeutet, daß sie sich deswegen einen vergnüglichen Vormittag machen. Sie sind außerhalb der Schule von den gleichen Ängsten gequält wie innerhalb. Ihre Angst vor dem Versagen oder vor anderen Menschen ist nicht an die Schule gekoppelt, sondern zieht sich durch ihr ganzes Leben.

Aggression in der Schule

„Es ist wohl eine unserer großen Illusionen, daß wir glauben, Angst vermeiden und ausschalten zu können – sie gehört zu unserer Existenz und ist eine Spiegelung unserer Abhängigkeiten. Wir können nur Gegenkräfte gegen sie entwickeln: Mut, Vertrauen, Erkenntnis, Macht, Hoffnung, Glaube und Liebe. Diese können Angst überwinden, verarbeiten oder sie annehmen helfen."[2]

[2] *Riemann, Fritz:* Grundformen der Angst. München [6]1961, Seite 7.

Wer seiner Angst nicht so begegnen kann, wie Fritz RIE-MANN dies beschreibt, muß sich eines anderen Mechanismus bedienen. Er kann sich in ein Schneckenhaus zurückziehen, er kann seine Angst in Aggressionen gegen seine Umwelt verwandeln, er kann die Aggression aber auch gegen sich selbst richten, indem er sich häufig verletzt, sich ritzt, verbrennt oder in eine psychosomatische Erkrankung flüchtet. Aggression steht jedem Menschen als Trieb zur Verfügung, bei manchen ist dieser Trieb stärker, bei manchen schwächer. Mit Trieben wird der Mensch geboren. Gegenkräfte aber muß er langsam erwerben, wenn ihm in der Kindheit die entsprechenden Bedingungen geboten werden.

Aggression in der Schule wird zunehmend zu einem großen Problem für die Lehrer. Aber sie ist selbstverständlich nicht auf das Schulalter beschränkt, schon im Kindergarten gibt es Kinder, die die anderen schlagen, kratzen, beißen, zwicken. Mit zunehmender Körperkraft werden Aggressionsausbrüche vehementer und gefährlicher. Außerdem hat ein Kind mit jedem weiteren Lebensjahr mehr Anlaß zur Aggression, da sich die Ursachen potenzieren.

Aggressive Kinder sind meist sehr leistungsschwache Kinder. Dies bedeutet allerdings nicht, daß ihre schlechten Leistungen Anlaß für die Aggression sind. Diese Kinder sind nicht nur in der Schule aggressiv, sondern im gesamten Lebensbereich, auch im Park, auf der Straße, wo keine unbewältigbaren Leistungen von ihnen gefordert werden. Vielmehr sind die Ursachen für beides, für die Leistungsschwäche bzw. Leistungsverweigerung und für die Aggression an der gleichen Wurzel, nämlich in der frühesten Kindheit zu suchen.

Aggressive Kinder leiden unter mangelndem Urvertrauen, sie haben Angst vor dem Versagen und Angst, die geliebten Personen zu verlieren. Ihre Aggression ist gewissermaßen eine Flucht nach vorn: „Bevor ich wieder einmal verlassen werde, benehme ich mich so unmöglich, daß ich selbst den Grund liefere, verlassen zu werden." Das ist leichter erträglich, als völlig unerwartet und ohne ersichtlichen Grund alleingelassen zu werden. Die einzige Möglichkeit, mit aggressiven Kindern umzugehen, ist für Eltern und Lehrer, sie trotz aller Aggression zu akzeptieren, was nicht heißt, sie alle Aggressionen ausleben zu lassen; selbstverständlich sind andere Kinder im Bedarfsfall zu schützen.

Keinesfalls kann Aggression mit Gegenaggression besiegt werden. Dadurch wird die Angst des Kindes nur vergrößert und seine aggressiven Akte werden umso notwendiger. Langsam, in kleinen und kleinsten Schritten nachzuholen, was versäumt wurde, ist die einzige Möglichkeit. Vertrauen in sich selbst kann ein solches Kind nur dann gewinnen, wenn es Vertrauen in seine Umwelt haben kann, wenn beispielsweise die Beziehung zum Lehrer auch dann hält, wenn es schon wieder ein Kind verprügelt hat, wenn es dem Lehrer gelingt, im Klassenverband und bei den Eltern der leidtragenden Kinder ein Klima der Akzeptanz und des ständigen neuen Bemühens zu schaffen.

Sicherlich werden Lehrer und Schulkameraden oft auf eine harte Probe gestellt, doch nur so ist wirksame Hilfe möglich. Wenn sich das aggressive Kind langsam angenommen fühlt, wird es ihm gelingen, positive Leistungen zu erbringen; dafür wiederum kann es gelobt werden, es fühlt sich ein wenig stärker, hat also weniger Angst, empfängt größere Akzeptanz, weil es weniger aggressiv ist, kann wiederum mehr leisten und so fort. Wenn es der gesamten Klasse gelingt, dies harte, anfängliche Situation zu meistern – dies kann sich über Monate erstrecken –, wird eine Spirale in Bewegung gesetzt, die sich beständig nach oben dreht. Therapeutische Maßnahmen einer Fachkraft, Hilfe und Unterstützung durch Beratungslehrer, Psychagogen oder Supervision können begleitend und unterstützend wirken. Die schwerste Arbeit kommt dem Lehrer und den Mitschülern zu. Aufdeckende Arbeit, das heißt, dem Kind die Ursachen seines aggressiven Verhaltens bewußt zu machen, kann nur in der Therapie geleistet werden.

Angst als Folge widriger Lebensumstände

In den Eingangskapiteln habe ich mich mit Entstehung, Vermeidung und Folgen der Verlustangst auseinandergesetzt. Manche Kinder treffen reale Lebensumstände, die mit dem tatsächlichen Verlust einer Person verbunden sind. Die Zahl der verlassenen Kinder oder jener, die sich verlassen fühlen, hat in den letzten Jahren stark zugenommen. Zu den Kindern, die ihre Eltern durch Tod verloren haben, die zur Adoption freigegeben oder in Pflegeheimen beziehungsweise Kinderheimen untergebracht wurden, kommen immer mehr Scheidungswaisen und Kinder, die damit leben müssen, daß Vater und Mutter einander bei jedem Streit an den Kopf werfen, daß sie es nicht mehr aushalten und weggehen werden. Oft ist den Erwachsenen gar nicht bewußt, welche Ängste sie mit solchen Sätzen bei ihren Kindern auslösen.

Die Phantasien der Kinder orientieren sich nur teilweise an der Realität. Kinder nehmen, so wie wir alle, die Wirklichkeit nur selektiv wahr, das heißt, sie sehen nur, was in ihrem Gedankengebäude Platz hat. Auch wenn Vater und Mutter sich noch am selben Abend versöhnen und letztlich nicht wirklich die Absicht haben, sich voneinander zu trennen, kann ein solcher Satz einen fixen Platz in der Phantasiewelt eines Kindes einnehmen. Ein drastisches Beispiel dafür werde ich im Kapitel über Phobien geben. Ein Mädchen verweigert den Schulbesuch, weil es Angst hat, die Mutter könnte in ihrer Abwesenheit die Familie verlassen. Von zentraler

Bedeutung dafür, wie ein Kind sein Verlassenwordensein und die damit verbundenen Ängste und Enttäuschungen bewältigt, ist die Frage der Schuld. Gibt das Kindern der Mutter, dem Vater, der Umwelt oder sich selbst die Schuld? Muß es überhaupt einen Schuldigen geben? Je früher ein Kind verlassen wird, desto geringer ist die Gefahr, daß es die Schuld bei sich selbst sucht.

Adoptivkinder

Adoptivkinder werden im allgemeinen gleich nach der Geburt von ihrer Mutter im Spital zurückgelassen, der Vater spielt so gut wie gar keine Rolle. Phantasien über ihr schuldhaftes Verhalten, das zum Verlassen geführt hat, sind bei solchen Kindern nicht zu erwarten. Allerdings gibt es immer wieder Kinder, nicht nur Adoptivkinder, die sich dafür schuldig fühlen, daß sie gezeugt wurden und ihre Mutter sie neun Monate lang im Bauch tragen mußte.

Entscheidend bei Kindern, für die der Kontakt zur leiblichen Mutter abgebrochen ist, bevor sie diese bewußt als Mutter wahrnehmen konnten, ist die Art und Weise, wie sie später von ihrem frühen Schicksal erfahren, welches Bild der leiblichen Mutter und der Umstände ihres Rückzuges vom Kind vermittelt wird.

Maria kam bereits eine Woche nach ihrer Geburt zu den Adoptiveltern, die sich seit Jahren ein Baby wünschten und sie daher mit großer Sehnsucht erwartet hatten. Die Wahlmutter ist eine sehr warmherzige, liebevolle Frau, die sich voll und ganz der Pflege dieses Kindes gewidmet hat. Maria fand stets das richtige Maß an Unterstützung bei der Bewältigung der einzelnen Entwicklungsschritte.

Den *Adoptiveltern* war vollkommen klar, daß sie dem *Kind seine Herkunft nicht verheimlichen konnten, und sie antworteten stets wahrheitsgemäß auf Marias Fragen. Eigentlich eine optimale Basis, um dieses erste Verlassenwerden problemlos zu bewältigen.*

Dem ist allerdings nicht ganz so. Trotz dieser vorbildlichen Entwicklungsbedingungen ist heute an Maria – sie ist mittlerweile acht Jahre alt – noch immer die Angst vor dem Verlassenwerden zu beobachten, obwohl ihr die Realität keinerlei ersichtlichen Grund dafür bietet.

Marias leibliche Mutter stammt aus einer sehr wohlhabenden Familie. Zur Zeit der Schwangerschaft war sie mit einem noch wohlhabenderen Mann verheiratet, das Kind allerdings war das Produkt einer kurzen, außerehelichen Beziehung. Die Frau wurde vom Ehemann und von der eigenen Familie vor die Wahl gestellt, entweder irgendwo im Ausland das Kind zur Welt zu bringen und dort zu lassen, oder aber ihr Mann würde die Scheidung einreichen, und die Familie würde sich von ihr zurückziehen. Kind oder Wohlstand, das stand zur Entscheidung. Der Wohlstand war ihr wichtiger als das Kind. Diese Wahrheit wurde Maria von ihren Adoptiveltern vermittelt.

Heute wiederholt Maria dieses Verhalten der Mutter. *Es bereitet ihr kein Problem, am Wochenende die Kinder im Stich zu lassen, mit denen sie die ganze Woche hindurch spielt, denn Samstag und Sonntag kommt immer ihre beste Freundin aus der Stadt auf Besuch. Es ist für sie selbstverständlich, daß am Montag die anderen wieder für sie bereit sind. Ihre beste Freundin Johanna aber will sie für sich allein haben, und sie greift sehr leicht in Panik, reagiert übermäßig eifersüchtig, wenn sie erkennen muß, daß es auch noch andere Kinder gibt, mit* denen ihre Freundin Kontakt hat. Die Angst, eine für ihr Leben sehr wichtige Person zu verlieren, bricht plötzlich wieder durch. Für solche Reaktionen reicht es vollkommen aus, wenn Johanna von ihrer Freundin in Wien erzählt oder in den Sommerferien einen Brief von dieser bekommt und ihn freudestrahlend, ohne bösen Hintergedanken, gemeinsam mit Maria lesen will.

Auch beim Spiel in der Gruppe tut Maria sich schwer. Sobald sie das Gefühl bekommt, daß Johanna sich zu gut mit einem anderen Gruppenmitglied versteht, ist die Angst vor dem Verlassenwerden wieder da. Maria ist dann nicht in der Lage, darüber zu reden, sie zieht sich zurück und handelt so, wie ihre Mutter einst gehandelt hat: „Ich will dich nie wieder sehen!" Mit dem Unterschied allerdings, daß die Entscheidung von Maria zum Glück nicht so endgültig ist wie die ihrer leiblichen Mutter. Ein paar Tage später sind Johanna und Maria wieder die besten Freundinnen.

Die leibliche Mutter ist und bleibt die leibliche Mutter, da nützen alle Adoptionen, Pflegeverhältnisse und Heimeinweisungen nichts. Je positiver, trotz aller negativen Begleitumstände, ein Kind seine leibliche Mutter empfinden kann, desto leichter wird es den Verlust und das Verlassenwordensein ertragen, weil die „gute" Mutter mit ihrer Freigabe zur Adoption sicher etwas Gutes gewollt hat. Gutes macht keine Angst. Ängstigend ist das bösartige Verlassenwerden von der Mutter.

Pflegekinder

Im Kapitel „Urvertrauen – Urangst" habe ich von der leiblichen Mutter meines Pflegekindes berichtet, die zwischen Zuneigung und Ablehnung schwankte, und die sich schließlich dazu entschloß, ihr Kind zu verlassen. Wir hatten zwei Möglichkeiten, dem Kleinen die Wahrheit über seine Mutter zu sagen. Wir hätten ihm mitteilen können: „Deiner Mutter waren ihre zwei Hunde und der Alkohol immer wichtiger als du. Sie ist gleich nach deiner Geburt wieder nach Hause gegangen, denn sie wollte die Hunde nicht länger als zwölf Stunden allein lassen. Um dich hat sie sich aber erst ein paar Wochen später wieder gekümmert. Dich konnte sie viel länger allein lassen." Das wäre zweifellos die Wahrheit gewesen. Für Alexander hätte sie die Information beinhaltet: Menschen, die einen liebhaben – und eine Mutter ist grundsätzlich eine Person, die ihr Kind liebt –, können ein Kind ohne weiteres verlassen, weil sie jemand anderen mehr lieben. Vielleicht kommen sie wieder zurück, vielleicht auch nicht. Alexander hätte mit dieser Wahrheit zu einem Kind werden können, das in ständiger Angst lebt, auch von der neuen Mama verlassen zu werden, ständig hätte er Angst haben müssen, daß die Mama ihn nicht mehr mag, daß sie jemand anderen lieber hat als ihn. Seine Bindungsfähigkeit hätte darunter gelitten, die am Ende des Kapitels über die Verlustangst beschriebenen Symptome hätten mehr oder weniger stark auftreten können.

Wir haben Alexander die Wahrheit über seine Mutter erzählt, aber mit einem anderen Gefühlshintergrund. Seine Mutter wurde ihm als eine Frau geschildert, der es als Kind sehr schlecht gegangen ist, die von niemandem liebgehabt wurde, die daher nie lernen konnte, wie man das macht, einen anderen Menschen liebhaben. Als sie ein Baby erwartete, wollte sie das unbedingt lernen und versuchen, sie hat versagt und hat es wieder probiert. Als sie erkannt hat, daß sie das nicht schaffen wird, zumindest nicht rechtzeitig, um ihrem Baby damit zu helfen, hat sie eine für sie sehr schwere Entscheidung getroffen, sie hat gesagt: „Ich will, daß eine andere Mama das macht, was ich nicht kann, daß sie den kleinen Alexander liebhat."

Dadurch kann für Alexander das Erlebnis des totalen Bruches mit der leiblichen Mutter vermieden werden. Das Bemühen der leiblichen Mutter findet gewissermaßen seine Fortsetzung in der Erfüllung durch mich. Alexander kommentierte die Erklärung, „eine andere Mama soll das machen, was ich nicht kann" freudestrahlend mit dem Satz: „Bin ich froh, daß sie dich ausgesucht hat. Das war lieb von meiner Mama!"

Nicht alle Pflegekinder kommen bereits zu einem so frühen Zeitpunkt wie unser Alexander zu Pflegeeltern. Viele sind schon mehrere Monate oder gar Jahre alt. Fast nie kommen sie aufgrund eines Todesfalles zu Pflegeeltern und haben zuvor die nötige Geborgenheit und Liebe genießen dürfen. Meist handelt es sich um Problemkinder aus Problemfamilien, die einen Großteil jener Defizite aufweisen, die ich zu Beginn dieses Buches beschrieben habe. Es fehlt ihnen an nötigem Urvertrauen, an Leistungsbereitschaft und Bindungsfähigkeit. Manche dieser Kinder sind schon mehrmals zwischen Eltern, Heim und Pflegeeltern hin- und hergewandert. Daß ein solches Kind Angst hat, wieder weggeschickt zu werden, daß es für lange Zeit nicht in der Lage ist, eine positive Beziehung zu den neuen Pflegeeltern zu finden, ist wohl leicht nachvollziehbar. Ein solches Kind wird die Pflegeeltern und deren Bereitschaft, es zu behalten, häufig prüfen, das heißt, es wird Handlungen setzen, die es den neuen Eltern nicht leicht machen, dieses Kind immer zu lieben. Hinzu treten oft noch Konflikte mit den leiblichen Eltern, die das Kind immer wieder enttäuschen und stets von neuem den Beweis antreten, daß seine Vermutung stimmt: „Ich werde nicht geliebt." Oft werden Besuchstermine vereinbart und nicht eingehalten, Geschenke versprochen und nicht gebracht. Die Kontakte sind manchmal regelmäßig, dann wieder reißen sie für längere Zeit ganz ab, zum Beispiel, wenn die leibliche Mutter einen neuen Freund hat. Wenn sie wieder allein ist, besinnt sie sich auf ihr Kind. Für Pflegeeltern ist hier nur ein Ratschlag möglich: dem Kind vermitteln, daß man zu ihm steht, was auch immer geschehen mag. Die Pflegekinderproblematik und die zahlreichen Ängste solcher Kinder sind ein sehr umfangreiches Thema, das hier nicht ausführlich behandelt werden kann. Wenn jemand mit dem Gedanken spielt, ein Kind bei sich aufzunehmen, aus welchen Motivationen auch immer, dann tut vorherige umfangreiche Informationen über die zu erwartenden Probleme und deren Lösungsmöglichkeiten not.

Scheidungskinder

Fremden Frauen gegenüber, die ihre Kinder nicht großziehen wollen oder können, eine neutrale oder positive Haltung einzunehmen, das ist für Adoptiv- und Pflegeeltern relativ einfach.

Viel schwieriger gestaltet sich dieses Problem bei Scheidungen. Oft werden die Konflikte und Kränkungen, welche die Ehepartner einander zugefügt haben und oft auch nach der Scheidung immer wieder aufleben lassen, zu Lasten der Kinder ausgetragen. Sie haben Angst, wenn sie am Wochenende zum Vater gehen, und sie haben Angst, wenn sie am Sonntag abend wieder zur Mutter zurückkommen. Angst, das Falsche zu tun und zu sagen und ständig Schuldgefühle.

Martina lebt bei ihrem Vater. Es ist ihm gelungen, den Richter davon zu überzeugen, daß seine Ex-Frau, Martinas Mutter, erziehungsunfähig ist. Sie kümmert sich nicht genug um das Kind, läßt es körperlich verwahrlosen, unternimmt nichts mit ihm, sitzt ständig daheim, putzt die Wohnung nicht, alles stinkt verraucht, und sie trinkt regelmäßig etwas zuviel Alkohol. Wenn Martina nach dem Wochenendbesuch bei ihrer Mutter zum Vater zurückkommt, dann ist mit Sicherheit irgend etwas nicht in Ordnung. Sie hat nichts Gutes zu essen bekommen, ihr Gewand ist schmutzig, sie hat schlecht geschlafen, weil das Bett für sie zu weich ist. Irgendeine Kritik läßt sich immer anbringen. Wenn Martina am Samstag hinkommt zur Mutter, dann müssen ihr gleich die Haare gewaschen, die Nägel und die Stirnfransen geschnitten werden. Sie muß für die Schule üben, denn beim Vater verkommt sie total.

Hat Martina nun zwei schlechte Eltern oder zwei gute? Sie kann es sich aussuchen, je nach Sichtweise. Tatsache jedoch ist, daß sowohl der Vater als auch die Mutter beschreiben, mit welche ängstliche Abwehr das Mädchen reagiert, wenn es heißt: „Zieh dich an, die Mama kommt dich gleich abholen" oder umgekehrt: „Zieh dich an, ich bring' dich jetzt zum Papa zurück."

Martina kann sich nie freuen, nicht auf den Besuch bei der Mutter und nicht auf die Heimkehr zum Vater. Sie weiß, der eine wird den anderen wieder schlechtmachen. Sie hat Angst um ihr Bild von der lieben Mama, und sie hat Angst um ihr Bild vom lieben Papa. Sie versucht, sich von dieser Angst zu befreien, sie setzt verschiedene Symptome, sie ist aggressiv, verweigert in der Schule Leistungen, und sie näßt nachts oft ein. Der amerikanische Analytiker Rudolf EKSTEIN meint: „Wenn ein Kind ins Bett macht, dann weint die Seele." Martina weint oft, sie weint um die vielen kleinen Stückchen „gute Mama" und „guter Papa", die von den Eltern wechselseitig zertrümmert werden, die sie aber so dringend für ein glückliches Leben brauchen würde.

Die Kränkungen, die Partner einander zufügen, sind oft nicht wieder gutzumachen, können nicht vergessen und verziehen werden. Trotzdem kann aber ein schlechter Ehemann ein guter Vater und eine schlechte Ehefrau eine gute Mutter sein, zumindest in den Augen des Kindes.

So wie ein Adoptivkind nichts gewinnt, wenn es eine „böse Mama" gehabt hat, so wird auch nach einer Scheidung für Kinder das Leben nicht leichter, wenn der „böse Papa" endlich draußen ist. Der „böse Ehemann" soll bleiben, wo der Pfeffer wächst, der „gute Papa" aber, der soll seinen Kindern in Realität und Phantasie erhalten bleiben, auch wenn dies der Mutter schwerfällt. Die erfahrenen Kränkungen können nicht dadurch gutgemacht werden, daß die Kinder die Meinung der Mutter über den Vater teilen. Dasselbe gilt natürlich auch, wenn der Vater mit den Kindern zurückbleibt und die Mutter weggeht.

Zum Glück gibt es auch Trennungen, die auf gemeinsamer Entscheidung beruhen, die Raum für eine halbwegs befriedigende Lösung bezüglich der gemeinsamen Kinder lassen, wo Papa und Mama lieb bleiben können und es die Kinder da wir dort schön haben und mit dem anderen Elternteil darüber reden dürfen, was sie Tolles unternommen haben. Auch dort kann es zu massiven Problemen kommen. Ein Beispiel soll dies erläutern.

Thomas ist gerade vier Jahre alt, als die Ehe seiner Eltern zerbricht. Grund dafür ist die neue Freundin, die der Vater gefunden hat. Trotz aller Kränkungen, die daraus für die Frau entstehen, gelingt es den beiden Erwachsenen, einen Gesprächsmodus zu finden, der das Kind ihrer Meinung nach nicht belastet. Thomas darf seinen Papa weiterhin liebhaben, er besucht ihn jedes zweites Wochenende in der neuen Wohnung, die der Papa gemeinsam mit der Freundin bewohnt. Wenn die Mutter ausgehen will, wenn Thomas krank oder ein Arztbesuch fällig ist, dann zeigt sich der Vater hilfsbereit, wo immer er nur kann. Auch die neue Freundin des Vaters ist um eine gute Beziehung zu Thomas bemüht.

Trotzdem. Thomas wird bald nach der Scheidung immer ängstlicher und ängstlicher, zugleich verfällt er in Passivität. Er hat förmlich Angst davor, Handlungen zu setzen. Wenn er aktiv wird, dann meist in sehr aggressiver Weise. Vor allem im Kindergarten fällt er dadurch auf, daß er entweder zurückgezogen und untätig in einer Ecke sitzt oder auf Kinder, die ihm zu nahe kommen, wild einschlägt.

Die Mutter bringt dieses Verhalten mit der Scheidung in Zusammenhang, obwohl es für sie dafür keine logische Erklärung gibt, und sucht deshalb meine Beratungsstelle auf. Die Spieltherapie mit dem Kind und die Gespräche mit der Mutter erlauben folgende Begründung für das seltsame Verhalten des Knaben: Die Realität, daß der Vater die Mutter wegen der neuen Freundin verlassen hat, die für Thomas kein Geheimnis ist, wird völlig beiseitegeschoben. Aus der Phantasie ergibt sich für Thomas eine neue Realität, die ihm ungeheuer große Angst macht und ihn dazu zwingt, passiv zu sein. Er darf auf keinen Fall Aktivitäten setzen, damit nicht ein neues Unheil geschieht.

Thomas ist versucht, den Vater als Rivalen zu sehen, was für ein Kind, das sich in der ödipalen Entwicklungsphase befindet, völlig normal ist. Der Vater wollte die Mutter haben, Thomas wollte die Mutter auch haben, für sich allein. Das hat er natürlich nie gesagt, nur gedacht, und er hat es auch gezeigt. Er wollte unbedingt immer im Bett der Mutter schlafen, am liebsten war es ihm, wenn der Vater es schließlich vorzog, das Ehebett zu verlassen und sich in sein Bett zu legen. Er hatte mit dem Vater Rollen getauscht, die Mama gehörte ganz ihm. Ein durchaus normaler Entwicklungsschritt, der mehr oder weniger lang Aktualität hat und dann wieder abklingt und anderen Interessen weicht. Nicht so bei Thomas. Denn zu seinen Wünschen gesellte sich die Realität. Der Vater verließ Wohnung und Bett der Mutter. Thomas durfte ganz ins Ehebett übersiedeln. Die Mutter hatte es gut gemeint, sie wollte ihn damit für den teilweisen Verlust des Vaters entschädigen. Sie wollte ihm signalisieren: „Sieh die Sache positiv, du hast mich jetzt ganz für dich allein."

Genau dort lag allerdings der wunde Punkt von Thomas. Seine Machtphantasien, er könnte den Vater aus dem Leben der Mutter verdrängen und sie würde ihm allein gehören, waren Realität geworden. Ein vierjähriges Kind, das noch dem magischen Denken verhaftet ist, kann sich, gekoppelt mit einer passenden Realität, durchaus eine solche Macht zutrauen und gleichzeitig Angst davor bekommen. Den Papa hat Thomas schon aus der Wohnung gezaubert. Jetzt tut er lieber gar nichts mehr, damit er ja nicht wieder etwas Falsches tut und vielleicht auch noch die Mama aus der Wohnung verdrängt und schließlich ganz allein und einsam zurückbleibt.

Über Zauberspiele gelang es, Thomas die Angst vor seiner Macht zu nehmen, seine Macht gemeinsam mit dem starken Therapeuten in eine für ihn positive Richtung zu lenken und mittels seiner Zaubermacht die Mutter fest an Haus und Kind zu binden, so daß keine phantasierte Gefahr mehr bestand, die Mutter würde ebenfalls verschwinden. Reale Gefahr hatte es ohnehin nie gegeben. Mit der Befreiung von der Angst und mit zunehmendem Alter – Thomas ist mittlerweile sechs Jahre alt – war für ihn auch der Weg in die Realität wieder frei. Er war bereit wahrzunehmen, daß nicht er, sondern die neue Freundin des Vaters den Grund für die Trennung geliefert hatte, und es war ihm auch bewußt, daß die Trennung von der Mutter unabhängig von der Vater-Sohn-Beziehung vollzogen worden war. Thomas ist wieder ein handlungsfähiges und mittlerweile auch sehr lernwilliges, wißbegieriges Schulkind geworden.

Der Verlust einer geliebten Person ist für Kinder nicht nur mit Trauer, sondern immer auch mit Angst verbunden. Jeder Verlust bedeutet ein Stückchen Hilflosigkeit, jedes Loch, das durch einen solchen Verlust entsteht, muß erst wieder langsam neu gefüllt werden. Allein und auf sich gestellt kann ein Kind das nicht schaffen, es braucht die Hilfe von Erwachsenen, die in der Lage sind, sich auf die Bedürfnisse und die Vorstellungswelt des Kindes einzustellen, die darauf verzichten können, das Kind zur Bewältigung ihrer eigenen Kränkungen zu mißbrauchen. Dieser Mißbrauch setzt nicht erst dann ein, wenn offen gegen jene gewettert und geschimpft wird, die das Kind oder die Familie im Stich gelassen haben. Randbemerkungen, Gesten, Handbewegungen,

Seufzer, Fragestellungen, die nur negative Antworten zulassen, depressive Stimmung, Klagen über die Einsam-
keit, über die Sinnlosigkeit des Lebens und viele andere
Kleinigkeiten können bei Kindern Verunsicherung,
Schuldgefühle und Angst auslösen. Keine Trennung geht
spurlos an einem Kind vorüber, doch jede Trennung ist
bewältigbar. Ein Kind, das in seiner frühen Kindheit die
Möglichkeit hatte, positive Beziehungen zu kontinuier-
lichen Bezugspersonen zu erleben, verliert diese Fähigkeit nicht mehr. Es wird über alle Krisen hinweg neue
stabile Beziehungen aufbauen können, ohne ständige
Verlustangst zu erleiden, wenngleich in manchen besonders gelagerten Fällen therapeutische Hilfe notwendig
sein kann.

Tod eines Elternteils

Der tatsächliche Tod eines Elternteiles ist eine Realität,
die nur nach und nach bewältigbar ist. Tod löst Trauer
aus, welche im Normalfall langsam abklingt. Eine spezi-
elle Angst, daß auch die Mutter sterben könnte, weil der
Vater bei einem Autounfall ums Leben gekommen ist, ist
im Normalfall nicht zu erwarten. Probleme ergeben sich
erst dann, wenn mit dem Tod einer geliebten Person Un-
klarheiten und Schuldgefühle verbunden sind. Oft
genügt es hierfür schon, wenn der mögliche Tod einer
Person als ständige Drohung im Raum steht.

*Peter war neu in meiner Beratungsstelle. Da mein Kol-
lege und ich im Sommer regelmäßig mit Kindern auf
einen Bauernhof im Waldviertel fahren und dieser Feri-
enaufenthalt wieder einmal kurz bevorstand, wollten
wir Peter mitnehmen, um ihn besser kennenzulernen. Er*

war zunächst Feuer und Flamme, seine Mutter – mit dem Vater gab es schon lange keinen Kontakt mehr – erklärte sich ebenfalls einverstanden. Wir vereinbarten, daß wir Peter mit dem Bus von zu Hause abholen würden, damit die herzkranke Mutter den Koffer nicht bis zu uns in die Beratungsstelle tragen müsse. Als wir mit dem Bus vorfuhren, wartete Peter bereits mit gepacktem Koffer vor dem Haustor. Die Mutter stand am Fenster und winkte mit welker Hand. Sie sah erbärmlich aus. Während wir den Koffer verstauten, blickte Peter unentwegt nach oben. Ehe er in den Bus stieg, öffnete die Mutter das Fenster: „Servus, Peter, wer weiß, ob wir uns wiedersehen!" Peter sagte spontan: „Ich kann nicht mitfahren, der Mama geht es so schlecht, sie stirbt vielleicht!" Die Angst vor dem Verlust der Mutter war größer als die Freude am Urlaub. Peter vergaß seinen Koffer und lief hinauf zur Mutter. Er war nicht zu bewegen, mit uns zu kommen. Ähnliche Situationen erlebten wir mit Peter noch mehrmals, stets hatte die Mutter ihn mit ihren Todesdrohungen im Griff. Peter konnte nicht einmal ohne Angst in die Schule gehen. Das Bild der Mutter am Fenster, die mit abgewinkelter Hand winkte, verfolgte ihn überallhin. Stets war er begleitet von der Angst, die Mutter zu verlieren. Wäre sie tatsächlich in seiner Abwesenheit gestorben, hätte Peter sich unsagbar schuldig gefühlt.

Diese Mutter hat Peter in ein Abhängigkeitsverhältnis gezwungen, auch dies ist eine Form von Mißbrauch. Sie hat sich mit ihrer ständigen Todesdrohung das rasche Wiederkommen ihres Sohnes gesichert.

Elternteile, die tatsächlich tot sind, kommen aber nicht wieder. Es muß ein Weg gefunden werden, um gemeinsam mit dem Kind zu trauern. Besser ist es, vom toten

Vater oder von der toten Mutter zu reden, auch wenn alle Beteiligten dabei immer wieder in Tränen ausbrechen und die Wunde wieder neu spürbar wird. Zu schweigen, nur damit nicht wieder geweint wird, wäre der falsche Weg. Es ist selbstverständlich, daß man um eine geliebte Person trauert, und ein Kind hat das Recht dazu.

Auch die größte Trauer wird nach und nach schwächer und läßt sich durch ein liebes Andenken an den Toten ersetzen. Das Leben bietet neue, schöne Seiten. Trauer, die ausgelebt werden durfte, ist irgendwann zu Ende, Trauer, die verdrängt wurde, die also vergessen werden mußte, ist nach wie vor da und sucht sich neue Ventile, zum Beispiel die ständige Angst, geliebte Personen zu verlieren.

Angst als Erziehungsmittel

Schlaf, Kindle schlaf!
Der Tod sitzt auf der Stange.
Er hat ein' weißen Kittel an,
er will die bösen Kinder ha'n.
Schlaf, Kindle schlaf![3]

Ninne ninne sause,
der Tod steckt hinter'm Hause.
Er hat ein kleines Körbelein,
da steckt er die bösen Kinder 'nein.
Die guten läßt er sitzen
und kauft ihn' roten Mützen.[4]

„Konrad!" sprach die Frau Mama,
„ich geh aus und du bleibst da.
Sei hübsch ordentlich und fromm,
bis nach Haus ich wieder komm'.
Und vor allem, Konrad, hör!
Lutsche nicht am Daumen mehr;
denn der Schneider mit der Scher'
kommt sonst ganz geschwind daher.
Und die Daumen schneidet er
ab, als ob Papier es wär'."[5]

---

[3] Allerleirauh, Kinderreime, versammelt von *Enzensberger, Hans Magnus.* Frankfurt/M. 1961, Seite 44.
[4] Ebenda, Seite 43.
[5] *Hoffmann, Heinrich:* Struwwelpeter. Literarische Anstalt Wening & Rütten 1845.

Die Auflistung solcher Wiegenlieder und Geschichten ließe sich beliebig fortsetzen, das ganze Buch ließe sich damit füllen. „Die sind aus dem vorigen Jahrhundert oder noch älter", wird man mir entgegenhalten. Stimmt zweifellos. Aber welche Einstellung zu unseren Kindern, welche Erziehungsmittel aus der damaligen Zeit haben wir mit herübergenommen ins zwanzigste Jahrhundert?

Nicht nur Kindern gegenüber wird mit Angst gearbeitet. Wer regelmäßig mit öffentlichen Verkehrsmitteln fährt und den Gesprächen der Mitfahrer aufmerksam lauscht, kann immer wieder hören, die Gefängnisstrafen müßten höher sein, damit die Verbrecher sich davor fürchteten. Die Kinder hätten heutzutage keinen Respekt mehr vor den Erwachsenen.

Was ist jedoch Respekt anderes als Angst? Angst vor der Strafe, Angst vor der Macht. Wenn ein Polizist mich anhält, weil ich zu schnell gefahren bin, habe ich dann Respekt vor einer Amtsperson oder habe ich Angst vor einem Strafmandat, Angst vor der Macht des Polizisten, dem ich in dieser Situation mehr oder weniger ausgeliefert bin?

Jeder kann überlegen, wie die eigene Kindheit verlaufen ist, womit Eltern und Lehrer angst gemacht haben. Was wurde davon übernommen und wird heute bei den eigenen Kindern angewandt? Kindern wird auch heute noch sehr viel gedroht. Drohungen haben aber nur dann ihr Ziel erreicht, wenn sie so viel Angst erzeugen, daß das Kind den Befehlen des Erwachsenen nachkommt. Viele Angstmacher bevölkern noch heute die Kinderzimmer und Schulklassen. Eine kleine Auswahl von Sätzen, die ich nicht im vorigen Jahrhundert, sondern in unserer Zeit aufgeschnappt habe – viele habe ich so oder ihn ähnlicher Form nicht nur einmal gehört –, soll verdeutlichen, was ich meine und gleichzeitig eine Hilfe für jeden sein zu überlegen, was aus der eigenen Kindheit bekannt ist und was Kinder heute noch manchmal zu hören bekommen.

„Mach nur so weiter, du bringst mich noch ins Grab!"
  „Du wirst schon sehen, wenn wir einmal nicht mehr sind!"
  „Wenn du so weitermachst, holen wir uns ein armes, braves Waisenkind aus dem Heim!"
  „Entweder du parierst, oder du kommst ins Heim!"
  „Wenn du noch einmal ins Bett machst, schneid' ich dir den Spatzi ab!"
  „Bald kommt der Krampus, der bringt dir wieder eine Rute!"
  „Dich wird der liebe Gott noch strafen!"

Ich kenne ein Kind, an dessen Gesäß jährlich eine Rute aufgebraucht wurde. Vater und Mutter haben im November schon sehnsüchtig auf Nachschub gewartet. Der Bub konnte sich über Schokoladenikolo, Nüsse und Datteln nicht freuen, übergroß erschien ihm neben allem anderen die neue Rute.

  „Wenn du nicht brav bist, nimmt dich der Krampus mit!" „Ich sperr' dich in den Keller zum schwarzen Mann!" „Wenn du da hinaufkletterst, fällst du herunter, dann bring' ich dich ins Spital!" „Wenn du nicht ..., dann darfst du nicht ...!" Unzählige Wenn und Dann sind anstatt der Punkte einsetzbar. Dieser Satz läßt sich übrigens ganz gut als Test für zu Hause verwenden. Läßt man die eigenen Kinder diesen Satz ergänzen, dann bekommt man einen Spiegel der eigenen Erziehungsmethoden vorgehalten.

  Diese und viele andere Sätze werden von Personen innerhalb und außerhalb von Institutionen gesprochen.

Sowohl konkrete Personen als auch anonyme Institutionen können bei Kindern Angst erzeugen: Vater, Mutter, Großvater, Großmutter, Lehrer, Erzieher, Polizist, Schule, Polizei, Heim, Hort usw.

Viele Drohungen werden wahrgemacht, manche werden ausgesprochen mit der Absicht, sie im Bedarfsfall in die Tat umzusetzen. Manchmal wird mit Dingen gedroht, die die Eltern gar nicht in die Tat umsetzen wollen oder können. ("Der Krampus wird dich holen.") Daß Eltern die Drohung „Wenn du nicht brav bist, wird dir das Christkind heuer nichts bringen!" wahrgemacht haben, das habe ich in den vielen Jahren meiner beruflichen Praxis nur ein einziges Mal erlebt. Die Drohung als solche ist vor Weihnachten in vielen Familien ein beliebtes Erziehungsmittel. Manche Drohungen werden von Kindern als so schrecklich erlebt, daß sie nie in die Tat umgesetzt werden müssen, um die erwünschte Wirkung zu erzielen.

Eine Mutter beklagte sich bei mir, daß ihr Sohn nicht mehr in die Schule gehen wolle, weil ihn seine Klassenkameraden dauernd auslachen. Die Mutter sei es leid, ihm dauernd falsche Entschuldigungen zu schreiben, wenn er nicht hingehe, nur weil alle gedacht hätten: Komme er aber ohne Entschuldigung, dann beschwere sich die Lehrerin beim Direktor.

Ich ging der Sache nach, sprach mit der Lehrerin und stellte folgenden Sachverhalt fest: Die halbwüchsigen Buben waren alles andere als aufmerksam im Unterricht, und es gab für die Lehrerin nur eine Möglichkeit, sie zu strafen: Sie machte sie vor der ganzen Klasse lächerlich. Dazu hatte sie ihre besondere Methode entwickelt. Sie spritzte jeden Missetäter so lange mit Wasser an, bis die ganze Klasse über den nassen Kameraden lachte. *Voll Stolz erklärte sie uns, wie erfolgreich diese Methode sei. Neuerdings brauche sie gar nicht mehr wirklich zu spritzen, es genüge völlig, wenn sie in Richtung Waschbecken gehe und langsam die Hand auf den Wasserhahn lege. Alle wüßten dann schon, was zu erwarten sei, und das Problem wäre gelöst. Jetzt könne sie mit dem Unterricht fortfahren.*

Diese Methode stammt nicht aus dem vorigen Jahrhundert, sondern aus der Gegenwart, wenn sie auch eher ungewöhnlich ist. Trotzdem: Drohungen, oft solche, die nie wahrgemacht werden, sind bis heute erzieherischer Alltag.

Stellen wir uns eine ganz normale Familie vor: Vater, Mutter, drei Kinder im Kindergarten- und Volksschulalter. Allmorgendlicher Streß. Die Kinder müssen rechtzeitig in der Schule und im Kindergarten sein, Vater und Mutter werden pünktlich im Büro erwartet. Zu keiner Tageszeit spielen die drei Kinder so gerne miteinander wie am Morgen, wenn sie sich anziehen, waschen und frühstücken sollen. Dazwischen tummeln sich zwei Katzen. Zu fünft balgen sie durch die Zimmer. Eine Idylle – wenn die Zeit nicht wäre. Ermahnungen seitens der Eltern, daß nur mehr eine Viertelstunde, nur mehr zehn Minuten bis zum Weggehen verbleiben, werden überhört oder mit „Ja, gleich" beantwortet.

Schließlich platzt den Eltern der Kragen: „In fünf Minuten verlassen wir das Haus!" Der Tonfall ist eher bestimmt als freundlich zu nennen. Dieser Satz zeigt Wirkung. Hastig beginnen die drei Kinder, sich anzuziehen. Für die zwei Älteren kein Problem. Der Jüngste aber bleibt auf der Strecke. Er kann sich noch nicht so rasch anziehen wie die größeren Geschwister. Tränen fließen.

Die Aussicht, allein bleiben zu müssen, löst in ihm große Angst aus. Die Angst beflügelt ihn tatsächlich. Er schafft in dieser Situation das beinahe Unmögliche. In fünf Minuten ist der kleine Bub angezogen und gewaschen. Dieses Spiel wird fast jeden Tag gespielt, und es funktioniert auch. Trotzdem, die Eltern können ein unangenehmes Gefühl nicht loswerden. Die Angst des Kleinen ist nicht gespielt, sondern echt, und eigentlich würden sie ihn viel lieber trösten als ins Büro hasten. Daß die Drohung „Wer nicht fertig ist, bleibt zu Hause!" ohnehin nur in den Wind gesprochene Worte sind, hilft dabei nicht. Die Eltern würden es nicht übers Herz bringen, den Kleinen zu Hause zu lassen, allein mit seiner Angst. Das weiß er wahrscheinlich auch – er wurde noch nie allein gelassen –, und trotzdem ist sie spürbar, die Angst.

Wozu also die Drohungen, die ohnehin nicht wahrgemacht werden? Wozu die Angst? Wozu das schlechte Gewissen der Eltern? Gibt es keine andere Möglichkeit, am Morgen rechtzeitig das Haus zu verlassen?

Doch. Die Eltern überlegen sich eine andere Strategie. Sie machen das, was ohnehin jeden Morgen trotz aller Ermahnungen geschieht, zum Prinzip. Die Kinder dürfen nach dem Frühstück noch einmal im Kinderzimmer verschwinden. Zur Zeit ist gerade das Turtle-Spiel beliebt. Sie müssen sich erst im letzten Moment anziehen, dafür aber rasch. Weil nun zwei Turtles ihren dritten Turtlefreund nicht im Stich lassen können, überbieten sich die Großen dabei, dem Kleinen beim Anziehen zu helfen. Rechtzeitig und wohlgelaunt verlassen drei Turtles mit April (diese Rolle wird der Mutter zugeteilt) die Wohnung und werden im Turtlenauto zum nächsten Einsatzort (Schule und Kindergarten) gebracht.

Eltern müssen von ihren Kindern viele Dinge fordern. Mit Angstmachern muß deshalb aber noch lange nicht operiert werden. Oft liegt es nur an der Formulierung, ob Angst oder Einsicht der Motor für das Handeln des Kindes ist. Man könnte einfach sagen: „Wenn du nicht ..., dann ...", und hinter diesem Dann steht etwas Bedrohliches. Das Kind tut dann aus Angst, was Vater oder Mutter fordern, oder es kann aus lauter Angst gar nicht mehr handeln, auch das ist möglich. Es hat zwar große Angst vor den Konsequenzen, aber gerade aus dieser Angst heraus ist es nicht mehr in der Lage, die Konsequenzen abzuwenden.

Einem Kind kann aber auch ein Entscheidungsfreiraum bleiben, indem man ihm erklärt, was zwangsläufig geschehen muß, wenn dies oder jenes nicht erledigt wird. Das setzt natürlich voraus, daß ein Zusammenhang besteht zwischen dem, was Eltern fordern, und dem, was geschieht, wenn diese Forderung nicht erfüllt wird. Das Kind hat dann die Freiheit zu entscheiden, ob es tun will, was notwendig ist, oder ob es lieber die unangenehmen Konsequenzen auf sich nimmt. Ein einfaches Beispiel soll illustrieren, was ich meine:

Es ist Abend, die Kinder müssen schlafen gehen. Sie liegen schon im Bett. Totale Dunkelheit bereitet ihnen Unbehagen, deshalb wollen sie, daß im Nebenzimmer das Licht brennt. Kein Problem, wenn sie trotzdem einschlafen können. Sie sollten bald einschlafen, denn es ist schon relativ spät, und das Aufstehen am Morgen bereitet ihnen ohnehin kein besonderes Vergnügen.

Die Kinder denken aber nicht daran zu schlafen, sie singen, lachen und turnen in den Betten herum. Die Eltern versuchen mehrmals, ihnen klarzumachen, daß es schon sehr spät ist, erinnern an den heutigen Morgen, wie schwer ihnen das Aufstehen gefallen ist. Ohne Erfolg. Sie halten es aber für ihre Pflicht, dafür zu sorgen, daß die Kinder ausreichend Schlaf bekommen. Vater oder Mutter sagt deshalb: „Ich habe den Eindruck, das Licht stört euch beim Einschlafen, es ist viel zu hell in eurem Zimmer. Wenn ihr mit Licht nicht schlafen könnt, drehe ich lieber ab." Es geht hier nicht um die Drohung, um die Angst vor der Dunkelheit, sondern um die logische und notwendige Konsequenz. Die Kinder können selbst entscheiden, ob sie lieber im Dunkeln oder bei Licht aus dem Nebenzimmer schlafen. Entscheiden sich die Kinder für Licht und schlagen weiterhin Radau, bleibt noch die Möglichkeit, das Licht kurzfristig abzudrehen und sie dann neuerlich entscheiden zu lassen, ob mit oder ohne Licht. Wird das Licht wieder aufgedreht, und es tritt noch immer keine Ruhe ein, dann kann von der Voraussetzung ausgegangen werden, daß die Kinder im Dunkeln keine Angst haben und das Licht getrost wieder abgedreht werden kann, damit die Kinder endlich zur Ruhe kommen.

Dieser Weg ist komplizierter, er beansprucht sicher etwas mehr Zeit, aber wenn sofort gedroht wird: „Wenn ihr nicht schlaft, drehe ich das Licht ab!", dann bekommt die Dunkelheit einen ganz anderen Charakter. Schon in der Drohung liegt die Angst vor der Dunkelheit begründet. Im oben beschriebenen Fall wird die Dunkelheit zu etwas Hilfreichem. Es liegt an der elterlichen Art zu sprechen, ob es gelingt, aus der Dunkelheit eine Situation der Geborgenheit zu machen, in der man beruhigt einschlafen kann.

Kinder brauchen uns nicht ständig als Regulatoren, Angstmacher und Ordner ihres Lebens, viele Entscheidungen können sie selbst treffen, wenn man ihnen genügend Zeit gibt, die Notwendigkeit einer Sache einzusehen. Der polnische Pädagoge Janusz Korczak hat mit einem einzigen Satz umschrieben, wie wir unseren Kindern begegnen sollten: „Kinder brauchen nicht zu Menschen *gemacht* zu werden, sie *sind* schon welche." Zum Schluß noch ein extremes Fallbeispiel:

Die ungehemmten Aggressionen der vierzehnjährigen Renate machten Lehrern und Erziehern arg zu schaffen. Ein Wort, das sie nicht hören wollte, genügte, und Renate kippte einen vollgeräumten Schultisch um, fegte ihn mit dem Arm leer oder warf Gegenstände wahllos durch den Raum. Dabei schrie und schimpfte sie so laut, daß sie im ganzen Schulhaus zu hören war. Jeder Lehrer, jeder Schüler, jeder Horterzieher kannte Renate. Die Eltern dagegen schilderten ihre Tochter als sehr brav, ruhig und folgsam.

Diesem so extrem unterschiedlichen Verhalten in der Öffentlichkeit und zu Hause wollten mein Kollege und ich auf den Grund gehen. Wir vereinbarten mit der Mutter, die Familie am Abend, wenn alle Familienmitglieder zu Hause sind, zu besuchen. Schon bei der Terminvereinbarung wirkte die Mutter sehr ängstlich, sie konnte uns nicht garantieren, daß der Vater zur vereinbarten Zeit anwesend sein wird, obwohl er schon längst Dienstschluß hatte. Wir nahmen dieses Risiko auf uns und gingen trotzdem hin. Der Vater war noch nicht zu Hause. Die Mutter, Renate und ihre siebenjährige Schwester saßen um den Tisch wie aufgefädelt. Im Kinderzimmer standen viele Käfige. Renate und die Mutter berichteten uns stolz, daß sie alles in allem zweiundsechzig Tiere hatten, Hasen, Meerschweinchen, Hamster, Mäuse, Fische und Katzen. Dafür lebten sie, dafür sparten sie. Die Mutter versuchte uns vorsichtig darauf vor-

zubereiten, daß der Vater etwas getrunken haben könnte und daß er dann leicht aggressiv werde. außerdem sei er mit unserem Besuch nicht ganz einverstanden. Uns fiel auf, daß alle drei Frauen bei Geräuschen, die vom Gang zu hören waren, erschraken.

Als ein Schlüssel ins Schloß gesteckt wurde – was erst nach mehreren Fehlversuchen gelang –, erstarrten Mutter und Töchter. Die kleine Schwester flüsterte: „Jetzt hab' i' in die Hos'n g'macht." Niemand stand auf, um den Vater, einen kleinen, aber muskulösen Mann zu begrüßen. „Des is ma ned recht", wollte er sofort mit uns einen Disput beginnen. Wir ließen uns jedoch nicht darauf ein, begrüßten ihn höflich und schüttelten ihm kräftig die Hand. Da er betrunken war, mußte er sich an uns anhalten. Wir fragten, ob wir ihm nicht seinen Hausherrnsessel weggenommen hätten. Er verneinte und bat uns Platz zu nehmen, wo wir wollten. Wir lehnten auch die Kompottschüssel voll mit Schnapsweichseln und Schnaps nicht ab. Er stufte uns als ganz passable Leute ein, mit denen man reden kann.

Nach und nach kamen wir zum Thema. Mit wir meine ich nur den Vater und uns. Die anderen drei saßen schweigend daneben. Ein Blick genügte, wenn sie einmal etwas einwenden wollten, und schon herrschte wieder Funkstille. Als wir direkt ansprachen, daß für uns der Unterschied im Verhalten von Renate zu Hause und in Hort bzw. Schule unerklärlich sei, leuchteten die Augen des Vaters voll Stolz. Er sei eben besser als die sogenannten Pädagogen mit ihrer ewigen Freundlichtuerei, er habe den Schlüssel zum Schloß gefunden. Die Neugierde, die wir zeigten, mußten wir nicht spielen, wir hatten tatsächlich keine Ahnung, dafür aber brennendes Interesse, womit der Mann die Familie nicht nur ruhigstellte, sondern zu Salzsäulen erstarren ließ.

Unsicher stand er auf, marschierte schnurstracks zu den Käfigen, öffnete einen Mäusekäfig und packte eines der Tiere am Schwanz. Ein kurzer Aufschrei von Renate war zu hören – dann Stille. Der Vater forderte uns auf mitzukommen. Er ging aufs WC, hob den Deckel und hielt die Maus über die Muschel. Die drei Frauen hatten nicht gewagt mitzukommen. Renate hielt sich die Ohren zu und hatte die Augen fest geschlossen. Sie wollte nicht mitansehen, was vielleicht geschehen würde. „Wannst net parierst, dann laß i de Maus da abe!" Dieser Satz war der Schlüssel zur Pädagogik dieser Familie. Besonders stolz war der Vater darauf, daß er sich die Mühe mit der Maus gar nicht mehr machen mußte. Es genügte bereits, wenn er aufstand und zu einem der Käfige ging, sofort wurde getan, was er wollte.

Jahre später wurde dieses Spiel in der Familie umgekehrt. Als die jüngere Schwester zwölf Jahre alt war, gab es einen wilden Streit zwischen Vater und Mutter. In ihrer Verzweiflung stellte sich das Mädchen auf das Fensterbrett – die Familie wohnt im vierten Stock – und sagte zum Vater: „Wannst net aufherst, die Mama zu hauen, dann spring i!" Der Schlüssel hat auch beim Vater gefaßt.

Das Leben dieser beiden Mädchen war ständig geprägt von Angst, und etwas anderes als Angst können sie heute als junge Frauen ihren eigenen Kindern auch nicht weitergeben.

Pubertätsalter – Die Lust an der Angst

Ein Mädchen bittet während des Unterrichtes auf die Toilette gehen zu dürfen. Weil sie so schwitzt, zieht sie sich vorher noch den Pullover aus und legt ihn auf ihren Platz. Kaum hat sie den Raum verlassen, bittet ein Junge ebenfalls, auf die Toilette gehen zu dürfen.

Die zwei kommen eine ganze Weile nicht zurück, deshalb geht die Lehrerin nachsehen, was los ist. Auf dem Fensterbrett des Gangfensters findet sie den Pullover des Jungen. Im Vorraum der Toilette stehen die beiden in der Unterwäsche, eng umschlungen, und schauen im Hof den Kindern beim Schaukeln zu. Beim Eintreten der Lehrerin lassen sie einander los und schlüpfen hastig in Rock und Hose. „Wir schauen nur den Kindern im Hof zu", entschuldigen sie sich, noch ehe sie irgend etwas gefragt werden.

Ein verbotenes Spiel? Vielleicht, das hängt von den Moralvorstellungen jedes einzelnen ab. Von den Kindern als verboten empfunden? Sicherlich, darauf deuten alle ihre Handlungen und Verschleierungsversuche hin. Trotzdem haben sie dieses Spiel gespielt, weil die Lust größer war als die Angst, weil die Lust ihnen geholfen hat, ihre Angst zu überwinden.

Wir alle spielen mit der Angst. Nicht immer ist sie unerträglich. Oft ziehen wir Gewinn daraus, daß wir unsere Angst besiegen können. Wir alle spielen und haben gespielt, manche Spiele trotz der Angst, weil wir aus dem

Spiel so viel gewinnen, daß es uns das bißchen Angst wert ist, manche Spiele mit der Angst, wobei das Besiegen der Angst das eigentliche Ziel des Spieles ist, manche Spiele, in denen beide Faktoren zum Tragen kommen.

Um noch einmal auf den Schulbereich zurückzukommen: Dort läßt sich, vorausgesetzt man ist mit einem guten Maß an Selbstwertgefühl ausgestattet, dieses Spiel wunderbar spielen. Eine Prüfung: viele Seiten Stoff wären zu lernen, man beschränkt sich darauf, nur einen Teil zu lernen, in der Hoffnung, daß man über diesen Teil geprüft wird, Angst, daß auch Nichtgelerntes gefragt wird. Den Einsatz bestimmt der Spieler durch das Verhältnis von Gelerntem zu Nichtgelerntem. Je mehr Nichtgelerntes, desto berechtigter die Angst. Je besser diese Angst durch selbstsicheres Auftreten überspielt werden kann, desto mehr ist der Lehrer von Anfang an geneigt anzunehmen, der Schüler sei auf die Prüfung gut vorbereitet. Das erhöht die Chance des Spielers zu gewinnen – ein Pokerface. Manche gewinnen dieses Spiel fast immer, manche nie.

Verbotene Spiele werden von Menschen aller Altersstufen gespielt, von Kindern, Jugendlichen und Erwachsenen. Unterschiede ergeben sich nur dadurch, daß zu verschiedenen Zeiten Verschiedenes verboten ist. Erwachsene Männer und Frauen dürfen einander ihre Körper zum Ansehen und Berühren darbieten. Wenn Kinder miteinander „Doktor" spielen, zunächst in aller Unschuld und aus bloßer Neugierde und aus Wissensdurst, weil sie entdecken, daß nicht alle Menschen gleich aussehen, dann werden oft Verbote ausgesprochen. Das Spiel wird tabuisiert, die Neugier aber bleibt. Wenn die Neugier größer ist als die Angst vor dem Erwischtwerden, vor den Vorwürfen, vor der Strafe, dann werden

Kinder das Risiko auf sich nehmen und weiterspielen. Überwiegt die Angst, dann werden sie ihre Neugier verdrängen und auch in anderen Situationen ängstlicher reagieren. Sie werden zu vermeiden versuchen, wieder in eine unbekannte Situation zu geraten, für die sie bestraft werden.

Bei den einen verbotenen Spielen geht es um die Verletzung der Moral, das Aufbrechen von Tabus, das Handeln gegen Gesetze, die andere Gruppe der verbotenen Spiele umfaßt alle Arten von Mutproben, oft unter mehr oder weniger bewußtem Einsatz des Körpers, ja sogar des Lebens. Verbotene Spiele können aber auch von beidem etwas an sich haben.

„Das Spiel mit dem Feuer" – eine Redewendung, die nicht nur wörtlich verstanden, sondern auch als Symbol für verbotene Spiele gesehen werden kann: das Spiel als etwas Schönes, Lustvolles, das Feuer als etwas Gefährliches, Angstmachendes. Der Struwwelpeter bietet hierfür ein schönes Beispiel, die Geschichte von Paulinchen, das mit Zündhölzern spielt und sich von den Katzen, die auf das elterliche Verbot hinweisen, nicht davon abhalten läßt. Die Faszination des Feuers ist größer als die Angst vor der Strafe.

Nicht nur Paulinchen im Buch liebt das Feuer. Flammen üben auf viele Kinder große Faszination aus. Feuer, Lagerfeuer, der warme Herd bedeuten Geborgenheit, Gemeinschaft, ein Zuhause. Wo ein Feuer im Herd, ein Lagerfeuer brennt, dort muß schon jemand sein, der das Feuer hütet, der einen erwartet, wenn man nach Hause kommt. Vor allem Kinder, denen es zu Hause an Geborgenheit mangelt, sind von Feuer so sehr fasziniert, daß sie auch dort Feuer machen, wo dies verboten ist.

Im Rahmen unserer Beratungsstelle waren mein Kollege und ich immer wieder mit Kindern konfrontiert, die auf der Straße Papierkörbe, Werbeständer und Plakatwände anzündeten. Also versuchten wir, diese Lust am Feuer in die Beratungsstelle hereinzuholen. Abgesehen davon, daß es nicht nur schön, sondern auch gefährlich ist, einen Papierkorb anzuzünden, hatten die Kinder und Jugendlichen auch große Angst vor dem Erwischtwerden. Wir bauten in der Beratungsstelle auf einem großen Tisch eine Feuerstelle aus Ytongsteinen und gestatteten ihnen, hier, aber nur hier, Feuer zu machen. Kein verbotenes, sondern von nun an ein erlaubtes Spiel. Die Kinder konnten einerseits das Feuer voll und ganz genießen, sie zündelten nach Herzenslust, wärmten Wasser und Suppen, grillten Brotstücke und spielten Wilder Westen.

Andererseits aber gab es auch Einschränkungen, die dringend notwendig waren. Die Kinder durften das Feuer nicht von der Feuerstelle wegtragen, durften nicht mit brennenden Papierfackeln durch alle Räume laufen, obwohl manche das gerne getan hätten. So bekamen sie gemeinsam mit uns Macht über das Feuer. Sie grenzten es ein, wiesen ihm seinen Platz zu. Bald übernahmen sie unsere Forderung, das Feuer nicht von der dafür bestimmten Feuerstelle wegzutragen, und wenn ein neues Kind kam, vertraten sie unsere Position. Versuchte es, fasziniert von diesem ungewöhnlichen Angebot, das Feuer auszuweiten, dann wurde es von den anderen Kindern sofort in die Schranken gewiesen. Dieses Spiel mit dem Feuer, das von uns sehr viel Aufmerksamkeit und absolute Konsequenz verlangte, zeigte erstaunliche Wirkung. Das angstvolle, verbotene Papierkorbanzünden hörte gänzlich auf. Es war deutlich zu sehen, wie die Stärke der Kinder wuchs, wenn sie das gefährliche Feuer voll im Griff hatten, wenn ihnen von uns zugetraut *wurde, Feuer sachgemäß zu handhaben. Es gab Kinder, die ein halbes Jahr nichts anderes bei uns taten, als wöchentlich eine Stunde zu zündeln. Trotzdem, oder wie wir meinen gerade deshalb, kamen aus der Schule sehr positive Rückmeldungen über Leistungssteigerungen und bessere Integration in die Klassengemeinschaft. Kein einziger Vater, keine einzige Mutter hat sich jemals darüber beschwert, daß ihr Kind auch zu Hause eine Feuerstelle errichtet hätte. Für alle Kinder war diese eine, unsere gemeinsame Feuerstelle von größter Bedeutung. Irgendein Feuer irgendwo anders hätte sie gar nicht interessiert.*

Ein anderes verbotenes Spiel, das viele Kinder in der Pubertät ausprobieren, ist das Stehlen als Mutprobe. Wer traut sich, aus dem Supermarkt etwas mitzunehmen, ohne zu bezahlen, wer hat zuviel Angst vor dem Erwischtwerden? Wer dazugehören will, muß seine Angst überwinden. Meist ist der Wunsch nach Gemeinschaft, nach Freunden größer als die Angst. Daß die Kinder sich dabei einer Gesetzesübertretung schuldig machen, ist in diesem Augenblick sicherlich sekundär. Die Angst bezieht sich auch nicht auf das abstrakte Gesetz, den unbekannten Richter, sondern auf den Verkäufer, die Verkäuferin, den Hausdetektiv und vor allem auf die Eltern.

Wenn ein Kind stiehlt, um zu beweisen, daß es seine Angst überwinden kann, dann besteht keineswegs die Gefahr, daß es zu einem notorischen Dieb wird. Solche Diebstähle werden meist nur wenige Male, oft sogar nur einmal begangen. Zum Glück werden die meisten Kinder auch gar nicht erwischt dabei. Kinder und Jugendliche, die regelmäßig stehlen, tun dies nicht, um ihren Mut, also ihre Angstfreiheit zu beweisen, sondern um auf sich aufmerksam zu machen, um sich etwas zu nehmen, weil sie ständig im Gefühlsbereich zu kurz gekommen sind, als neurotische Zwangshandlung, oder weil ihre Eltern auch ständig stehlen und sie letztlich nur tun, was auch Vater und Mutter machen und sie sich an den Eltern orientieren – ein an sich normales und von Eltern gewünschtes Verhalten.

Verbotene Spiele bleiben nicht auf die Kindheit beschränkt, gefährliche Mutproben sind auch bei Erwachsenen zu beobachten. Welcher Motorradfahrer ist nachts, nach dem Discobesuch schneller zu Hause? Mit welchem Auto kann man die Kurven rasanter nehmen? Eine Veränderung ergibt sich nur bei der verbietenden Instanz. Während das Kind zunächst Angst vor der Strafe durch die Eltern hat, droht dem Erwachsenen die Strafe von der Polizei, dem Gericht, also einer anonymen Instanz, der gegenüber das schlechte Gewissen, die Schuldgefühle weit weniger wirksam sind.

Verbotene Spiele können gefährlich sein, sie können aber auch neue Möglichkeiten eröffnen, Neugier wachhalten, Neugier befriedigen oder stärker machen. Sie sind umso gefährlicher, je heimlicher sie stattfinden müssen. Erst die Verbote und Drohungen der Eltern machen aus spannenden Spielen verbotene Spiele. Eltern, die nicht bereit sind, mit ihren Kindern zu argumentieren, zu erklären, andere Möglichkeiten und Hilfen anzubieten, die sofort bestrafen, einsperren, Kontakte zu anderen Kindern verbieten, werden immer weniger und weniger von ihren Kindern erfahren. Diese werden sich mehr und mehr in die Heimlichkeit zurückziehen. Vieles werden sie trotzdem tun, nur werden sie Angst haben, vielleicht sogar unvorsichtiger und ohne Hilfe agieren. Da kann es schon passieren, daß ein spielerisches Abenteuer zu bitterem Ernst wird. Je weniger ein Kind zu Hause erzählen kann, weil es die Strafe fürchtet, desto weniger können Eltern helfen. Darauf, daß ein Kind nicht tut, was es nicht tun darf, sollten Eltern sich nicht verlassen.

Der deutsche Liedermacher Franz Josef DEGENHARDT sang vor vielen Jahren ein Lied: „Spiel nicht mit den Schmuddelkindern, sing nicht ihre Lieder, geh nur in die Oberstadt, mach's wie deine Brüder." Es hat wenig Sinn, einem Kind den Umgang mit anderen Kindern zu verbieten: Kinder leben nun einmal nicht unter einem Glassturz. In der Schule, im Hort, im Kindergarten, auf der Straße, überall treffen einander Kinder aus verschiedenen Gesellschaftsschichten, verschiedener Herkunft und mit verschiedenen Problemen. Solange ein Kind zu Hause über das reden kann, was ihm im Laufe des Tages begegnet ist, ohne daß es Angst haben muß, beschimpft, bestraft oder mit Verboten eingeschränkt zu werden, wird es mit Hilfe der Eltern eventuell auftretende Probleme auch lösen und krisenhafte Situationen bewältigen können. Es wird jenes Stück Stärke mit nach draußen nehmen, das ein Kind braucht, um bei einem verbotenen, gefährlichen Spiel auch einmal nein zu sagen und vielleicht sogar andere Kinder davon abzuhalten.

Angstbewältigung

Angstbewältigung im Spiel

Nicht alle Ängste der Kinder werden von und mit den Eltern bewältigt, Kinder finden im Spiel eine unendliche Zahl von Möglichkeiten, vor allem ihre sehr tief liegenden Ängste zu bearbeiten. Die Ideen dafür kommen immer von den Kindern, auch ein Mitspielen der Eltern wird oft gewünscht, ja es ist sogar erforderlich, um den Zweck des Spieles zu erfüllen.

Mein Pflegesohn fand sein eigenes Spiel, um seine Angst vor dem Verlassenwerden zu bewältigen. Solche Spiele werden so lange wiederholt, bis sie ihren Zweck erfüllt haben, bis die Angst der Sicherheit und Geborgenheit gewichen ist. Es wäre absolut falsch, ein solches Spiel als langweilig zu bezeichnen und das Kind aufzufordern, doch endlich einmal was anderes zu spielen. Das Kind weiß selbst, wann es ein Spiel oft genug gespielt hat:

Mit etwa zwei Jahren begann Alexanders Vorliebe für Stofftiere, nichts anderes wünschte er sich zu diversen Anlässen von Eltern, Großeltern und Bekannten. Bald hatte er eine ganze Sammlung von großen und kleinen Tieren, von wilden und von zahmen. Alle Tiere mußten immer mitspielen. Alexander selbst war auch immer irgendein Tier, am liebsten ein Hund oder ein Löwe. Er und die anderen Tiere waren stets jung und einsam und verlassen. Einmal hatten sie ihre Mama verloren, einmal waren sie ihr weggelaufen, einmal hatte sie die Mama im Stich gelassen. Manchmal hatten alle eine Mama, manchmal hatte jedes Tier seine eigene. Immer aber waren sie auf der Suche nach einem Platz der Geborgenheit, nach einer Person, die sie aufnahm.

Zunächst war in dieses Spiel vor allem ich involviert. Ich war immer die gute Mama, die alle verlassenen und hilflosen Tierbabys aufnahm. Alexander war immer ein sehr liebes, zahmes Tier, das die Füße der neuen Mutter umschmeichelte. Decken wurden für ein Nachtlager auf den Boden gelegt, Futterschälchen aufgestellt. Nach und nach wurden einige der Stofftiere wilder. Der Löwe, der Tiger und das Krokodil wollten mich ins Bein beißen. Sie wurden deshalb in einen Käfig gesperrt, durften aber trotzdem bleiben. Alexander stellte damit die Frage „Nimmst du mich auch dann, wenn ich nicht brav bin? Gibt es einen Grund für dich, mich wegzuschicken?" Für alles gab Alexander bei diesem Spiel seine Regieanweisungen, wo welches Tier zu sitzen hatte, was in die Eßschälchen zu füllen war und so weiter. Nie aber gab er die Regieanweisung an mich „Du mußt die verlassenen Tiere aufnehmen!" Diese Entscheidung mußte ich immer von mir aus treffen. Nur so konnte seine brennendste Frage beantwortet werden: „Liebst du mich?" Als er sich dieser Antwort halbwegs sicher war, erweiterte sich die Fragestellung: „Liebst du mich bedingungslos?" Alexander drückte diese Erweiterung dadurch aus, daß er selbst das wilde, bissige Tier spielte. Mit den Stofftieren hatte er vorgefühlt, und als diese nicht weggeschickt wurden, wagte er selbst den Versuch. „Darf ich auch bleiben, wenn ich böse bin?" Selbstverständlich durfte er bleiben. Auch diese Frage hat Alexander sehr oft gestellt.

Als er die Angst, von mir nicht geliebt zu werden, genügend reduziert hatte, wagte er sich an die anderen Familienmitglieder heran. Er versuchte sein Glück beim Vater und bei der älteren Schwester. Überall wurde er aufgenommen. Den kleinen Bruder band er in die Familie ein, indem er ihn kurzerhand auch zum verlassenen Babytier machte und mir präsentierte. Oft schleppte er als bereits in die Familie aufgenommenes Tier all seine Stofftiere an als ihr Fürsprecher. Hatte er anfangs, wenn er um Aufnahme bat, viele Stofftiere mitgebracht, so kam er später oft allein oder mit dem kleinen Bruder, als dessen Beschützer er auftrat. Diese Spielphase dauerte mehr als ein Jahr. Fast täglich wurde dieses Spiel gespielt.

Als die Phase sich dem Ende zuneigte, übernahm Alexander meine Rolle. Die Stofftiere und der kleine Bruder waren die Verlassenen, und er war derjenige, der diese armen, um Hilfe bettelnden Geschöpfe aufnahm. Zunächst wickelte sich dieses Spiel noch in dem Raum ab, in dem ich kochte oder arbeitete, langsam entfernte sich Alexander mit seinem Spieltrupp von einem Raum zum anderen, bis er schließlich im Kinderzimmer landete, das Spiel wurde immer seltener und seltener und hörte ganz auf. Wenn der kleine Bruder dazu aufforderte, dann lehnte Alexander schließlich ab mit dem Kommentar: „Ich will nicht, das ist mir zu blöd." Die Angst, allein in der Welt zu stehen, völlig hilflos allem ausgeliefert zu sein, die existierte für Alexander nicht mehr.

Damals war Alexander noch nicht bewußt, daß ich nicht seine leibliche Mutter bin. Erst später, mit fast fünf Jahren, interessierte er sich für seine Herkunft. Mit dem realen Wissen: „Ich bin nicht im Bauch dieser Mama gewachsen, eine andere Mama hat mich zu dieser Mama gebracht", trat die Angst in den Vordergrund, daß diese Mama ihn vielleicht auch einmal wegbringen könnte zu einer anderen Mama. Alexander erfand ein neues Spiel, die „Afrikamama".

Eines Tages erklärte er mir, er dürfe sein Gemüse nicht essen, die Afrikamama habe ihm das verboten. „Welche Afrikamama?" fragte ich erstaunt. „Na, meine Mama in Afrika eben. Zu der geh' ich immer. Dort hab' ich auch Freunde und Geschwister und einen Papa. Und wenn die Afrikamama mir was verbietet, dann darf ich das nicht tun." Alexander hatte sich somit eine Ersatzmama geschaffen. Sollte die zweite Mama ihn auch wieder weggeben, dann hätte er eben schon eine dritte. Besser eine bekannte Afrikamama als irgendeine fremde Mama.

Von da an gab es eine Afrikamama, die täglich in der Erziehung von Alexander mitmischte. Die Afrikamama war ideal. Sie erlaubte, was die Wiener Mama verboten hatte, sie verbot, was die Wiener Mama forderte. Bei der Afrikamama war das Schlaraffenland. Ständig mußten die Wiener Mama und der Wiener Papa das Gegenteil von dem fordern, was in Alexanders Afrika so üblich war. Unser Nachsatz, wenn wir konträre Forderungen stellen mußten, war häufig: „Ich bin aber sehr froh, daß du hier bist und nicht in Afrika." Manches Mal versprach Alexander, nicht gleich wieder wegzugehen zur Afrikamama, sondern noch hierzubleiben; wenn er zornig war, rief er: „Ich geh' aber trotzdem und komm' nie, nie mehr zurück!" Wenn er sich wieder beruhigt hatte, wurde er von meinem Mann oder von mir in die Arme geschlossen: „Ich bin froh, daß du jetzt wieder da bist!"

Auch dieses Spiel zog sich über mehr als ein Jahr hin. Das Ende begann damit, daß Alexander erklärte, er hätte die Afrikamama viel lieber als die Wiener Mama. Das war vielleicht die Frage „Wie lieb hast du mich?" Sie wurde von mir beantwortet. „Ich hab dich so lieb wie die Wiener- und die Afrikamama zusammen." „Liebe, liebe Mama", antwortete Alexander. Zwei Mamas begannen sich in einer Mama zu vereinigen. Damit war ich die jetzige Mama und auch gleichzeitig die nächste Mama, und er konnte die Sicherheit gewinnen, daß er von dieser Mama nicht mehr wegmußte. Die Afrikamama wurde immer seltener bemüht. Seit die Adoption Alexanders bewilligt ist und er auch unseren Familiennamen trägt, wurde die Afrikamama nie mehr erwähnt.

Spiel ist die Sprache des Kindes. Wenn man Kindern beim Spielen zusieht, weiß man, wie es ihnen geht. Der oben geschilderte Fall von Alexander ist ein Idealfall, weil ich mein therapeutisches Wissen benutzen kann, um das Spiel meines Kindes zu interpretieren und meinerseits in das Spiel verpackt Botschaften an das Kind senden kann. Doch auch Eltern ohne Therapieausbildung können mit ihren Kindern über das Spiel kommunizieren, vorausgesetzt, sie nehmen daran teil, und sie hören manchmal aufmerksam zu, wenn ihre Kinder mit Freunden oder mit Puppen und Teddybären reden.

Ein kleines Mädchen bringt seine Puppe ins Bett und geht ein Stück zur Seite. Das Puppenkind weint, es will nicht allein sein. So wie die Mutter mit ihrem Kind umgeht, so reagiert Uschi jetzt ihrer Puppe gegenüber. „Schlaf endlich, ich hab' noch so viel zu tun, und irgendwann will ich auch meine Ruhe haben!"
   Die Mutter ist im Nebenzimmer und hat gehört, was ihre Tochter spricht. Sie geht ins Kinderzimmer und fragt, was denn los sei, warum das Puppenkind denn so

laut weine? „Sie hat Angst allein im Bett, aber das interessiert mich nicht. Am Abend hab ich sie nicht mehr
lieb, da will ich meine Ruhe haben." Die Mutter weiß
nun, was sie ungewollt bei ihrem Kind mit ihrer abendlichen Ungeduld ausgelöst hat. Das kleine Mädchen
liegt weinend im Bett und hat Angst vor der Dunkelheit,
vor dem Alleinsein und vor allem Angst um die Mutter,
von der sie annimmt, daß sie ihr Kind abends nicht
mehr liebt. Die Mutter antwortet, indem sie an diesem
Abend dem kleinen Mädchen im Bett noch eine kurze
Geschichte erzählt, mit ihr gemeinsam ein Abendlied
singt und sie vor dem Hinausgehen liebevoll streichelt.
An diesem Abend weint das kleine Mädchen nicht. Die
Puppe am nächsten Tag auch nicht.

Zahlreiche solche Informationen liefern uns Kinder,
wenn wir sie beobachten und wir ihnen zuhören. Sie
können uns im Spiel ihre Ängste mitteilen, sie können
uns sogar Lösungsmöglichkeiten vorspielen, die sie sich
wünschen würden. Das kleine Mädchen hätte mit ihrer
Puppe auch so umgehen können, wie sie dies von ihrer
Mutter gerne gehabt hätte. Das setzt allerdings voraus,
daß es auch andere Umgangsformen kennt und nicht
ständig abgeschoben wird und den Erwachsenen lästig
ist.

Für die Realität aber sind wir Erwachsenen verantwort-
lich. Wenn wir unsere Kinder ständig in angstmachende
Situationen bringen, dann können diese nicht weg-
gespielt werden. Wegspielen lassen sich nur phantasierte
Ängste wie die von Alexander. Uschis Angst ist auf die
Realität bezogen und kann nur verhindert werden, wenn
die abendlichen Gepflogenheiten sich ändern.

Die Spieltherapie

Kinder sind bereit, uns zu sagen, daß sie Angst haben und wovor. Wenn wir uns aber ständig weigern, ihnen zuzuhören, dann verstummen sie eines Tages. Sie müssen ihre Angst allein mit sich herumtragen, sie vergessen schließlich, daß und wovor sie sich fürchten. Um besser vergessen zu können, werden sie aggressiv, trotzig, kauen an ihren Fingernägeln, nässen und koten ein. Sie bilden also Symptome aus, die ihnen helfen, mit all ihrer Angst weiterzuleben.

Hier ist jener Punkt erreicht, wo es nicht mehr genügt, wenn Eltern zuhören. Sie hören ihre Kinder nur mehr schreien oder durch die Blase weinen. Warum sie schreien und weinen, das hören sie nicht mehr. Die Kinder haben es zum Teil selbst vergessen. Nur mit Hilfe eines Therapeuten / einer Therapeutin ist es an diesem Punkt noch möglich, die Ursache für die Angst wieder aufzudecken. Im therapeutischen Spiel können die bereits begangenen Wege zurückverfolgt werden bis zum Ausgangspunkt und in der Spielsituation neue Wegweiser gesetzt werden. Das Kind bekommt die Möglichkeit, andere Lösungen spielerisch auszuprobieren, Hilfsangebote anzunehmen, die ihm in der Realität versagt geblieben sind. Das Kind führt Regie, der Therapeut stellt sich zur Verfügung als das, was das Kind in der jeweiligen Situation braucht.

In der Spielsituation ist jede Angst erträglich, weil das Kind Macht hat, weil der Therapeut als Werkzeug zur Verfügung steht. Besonderer Beliebtheit erfreut sich in meiner Beratungsstelle ein kleiner, fensterloser Raum mit vielen Matratzen und Decken. Hier lassen sich dunkle Höhlen bauen. Der ganze Raum ist eine enge Höhle, mit den Matratzen läßt sich die Höhle so eng machen wie der Mutterbauch. Das Kind kann allein sein in der Höhle, es kann den Therapeuten als Beschützer bei sich haben, es kann die Regieanweisung geben, daß es hinausgeworfen werden will, daß es bedroht werden soll, daß es alleingelassen werden soll, es kann aber jederzeit wieder auf die helfende und schützende Funktion des Therapeuten zurückgreifen. Es kann Türen nach draußen (durch einen Kasten ohne Rückwand) offenlassen oder schließen. Es kann hier alle Stadien der Angst durchlaufen, es kann zaghaft sein, in dieses Spiel ganz langsam einsteigen, es kann das Spiel aber auch so intensiv betreiben, daß es sich bis an seine Grenzen des gerade noch Erträglichen wagt. Ängste, die das Kind früher erlebt hat, die jetzt verdeckt sind durch Symptome, werden wieder spürbar, so stark wie sie damals waren. Der Unterschied zu früher liegt darin, daß jetzt, in dieser Spielsituation, das Kind Macht hat, Macht über die Angst, der es einmal hilf- und schutzlos ausgeliefert war. Es muß nur so viel Angst zulassen, wie ihm erträglich ist, es kann sich der Hilfe des Therapeuten uneingeschränkt sicher sein. Dieser verläßt das Kind unter keinen Umständen, wenn er hinausgeschickt wird, entfernt er sich nicht, sondern wartet vor der Tür, um sofort bereit zu sein, wenn er gerufen wird.

Außerdem gibt es noch den Lichtschalter. Damit kann das Spiel jederzeit beendet werden, vom Kind, vom Therapeuten, wenn das Kind dies wünscht oder wenn der Therapeut den Eindruck gewinnt, daß ein Kind sich zuviel zugemutet hat und den Weg heraus allein nicht mehr findet.

Angst wird so zu etwas, was man bewältigen kann. Das Kind spürt, daß es nicht nur schwach ist, sondern daß es auch eine ganze Menge Macht hat, Macht, sich mit seiner eigenen Angst auseinanderzusetzen und sie zu bewältigen. Mit jeder Stunde gewinnt das Kind ein kleines Stückchen mehr an Stärke und an Gewißheit, daß es der Angst nicht hilflos ausgeliefert ist. Ich bin stärker als die Angst! Angst (zu bewältigen) macht mich stark!

Angst als Krankheit

Angst haben wir alle, doch sie bleibt stets ein manchmal mehr, manchmal weniger großer Teilbereich unseres Lebens. Manchen Menschen allerdings läßt ihre Angst überhaupt keinen Raum mehr zum Leben. Sie überschattet jede Handlung oder blockiert die Handlungsfähigkeit so total, daß außer Stoffwechsel und Schlafen letztlich nichts mehr übrigbleibt, und selbst diese lebensnotwendigen Handlungen sind von dem permanenten Grundgefühl der Angst überlagert. Drei Fallbeispiele sollen *neurotische, phobische und psychotische Angstzustände* bei Kindern verdeutlichen. Manche Kinder versuchen, ihre Angstzustände durch eine Reihe von typischen Erkrankungen in den Griff zu bekommen. Wir sprechen in diesem Zusammenhang von *psychosomatischen Erkrankungen.*

Neurotische Angst

„Ich ruf' nur schnell meine Mama an!" Das sind die Worte, mit denen der achtjährige Kurti zur Tür der Beratungsstelle hereinstürzt. Er war noch nie hier, kennt weder meinen Kollegen noch mich. Seine Mama kann gar nicht zu Hause sein, denn sie hat ihn gerade eben vor dem Haustor aus dem Auto steigen lassen. Kurti grüßt nicht, fragt nicht, wer wir sind, zeigt aber auch keine Scheu wie die meisten anderen Kinder bei der ersten

Kontaktaufnahme mit ihnen fremden Personen. Er ignoriert uns völlig, läuft von einem Zimmer zum anderen, bis er das Telefon gefunden hat.

Weinerlich legt er gleich wieder auf. Selbst wenn seine Mutter zu Hause gewesen wäre, hätte sie neben dem Telefon sitzen müssen, wenn sie es hätte schaffen wollen, in dieser kurzen Zeit den Hörer abzunehmen. Kurti hat somit alles für ihn Mögliche getan, um sich zu beweisen, daß seine Mama nicht da ist. Wie ein Süchtiger die Spritze, hat er sich die nötige Dosis Angst gegeben. Er hält es nicht länger aus als fünf Minuten, dann wiederholt sich die Situation. Seine Mutter kann noch immer nicht zu Hause sein. Die Angst des Buben wächst sichtbar. Er ist ständig in Bewegung, geht von einem Raum zu anderen, so als würde er etwas suchen. Unsere Versuche, ein Gespräch zu beginnen, ignoriert er. Das Argument, daß seine Mutter noch gar nicht zu Hause sein kann, verleugnet er. „Wenn ich sie wieder anrufe, wird sie schon da sein." Dreimal wiederholen sich die Anrufe, der Spannungszustand, in dem sich der Bub befindet, hat ein Ausmaß erreicht, das auch für uns körperlich spürbar wird. Wir sind auf jeden Ausbruch gefaßt. Kurti ruft ein viertes Mal an. Sofort hebt die Mutter ab. Sie muß tatsächlich neben dem Telefon auf den Anruf gewartet haben. „Hallo, Mama, bist du schon da?" Kurti legt so rasch auf, daß die Mutter sicher nicht mehr als „Ja" antworten konnte. Die Spannung ist von Kurti gewichen, sein Körper fällt sichtlich in sich zusammen, er wirkt müde und erschöpft. Während der nächsten zwanzig Minuten läßt er sich willenlos durch die Beratungsstelle führen und erklären, was wir ihm hier alles anbieten können.

Langsam baut sich sein Spannungszustand wieder auf. Zwanzig Minuten vor Ende der Stunde beginnt das glei-

che Spiel wie am Beginn. Auch jetzt kann seine Mutter nicht zu Hause sein, sie müßte eigentlich schon im Auto sitzen, um ihn rechtzeitig abzuholen. Die Spannung wächst, Kurti ruft abwechselnd an und versucht uns zu überzeugen, daß seine Mutter bestimmt pünktlich kommen und ihn abholen wird.

Als die Mutter auf die Minute genau zur vereinbarten Zeit die Tür öffnet, sinkt Kurtis Körper in sich zusammen. Ohne sich zu verabschieden, ohne uns auch nur eines letzten Blickes zu würdigen, verläßt er die Beratungsstelle, gefolgt von seiner Mutter, die sich noch einmal umwendet mit einer Geste der Entschuldigung und Hilflosigkeit. Mutter und Sohn scheinen im Auf- und Abbau dieses angstvollen Spannungszustandes perfekt aufeinander eingespielt zu sein.

Im Gespräch mit der Mutter erfahren wir, daß dieses zwanghafte Anrufen sich durch alle Lebenssituationen zieht. Normalerweise trennen sich Mutter und Kind ohnehin nicht. Die Nachmittage verbringen sie stets gemeinsam. Den Schulbesuch verweigert Kurti bis jetzt nicht. Seinem Zwang, die Mutter anzurufen, kann er jedoch auch hier nicht widerstehen.

Jeden Morgen verläßt er das Haus, ausgestattet mit einer Geldbörse voller Einschillingmünzen. Auf dem Schulweg geht er an drei Telefonzellen vorbei, besser gesagt, er kann nicht vorbeigehen, er muß hineingehen und seine Mutter anrufen. Er fragt nur: „Bist du da!" wartet die Antwort kaum ab, legt auf und läuft weiter bis zur nächsten Telefonzelle. Wenn die Zelle besetzt ist, bleibt er stehen und wartet, deshalb kommt er manchmal zu spät zum Unterricht. Während der Stunden wächst für die Lehrerin sichtbar der Spannungszustand des Buben, beim Läuten stürzt er sofort in die Kanzlei, und die Direktorin gestattet ihm den Anruf bei der Mut-

ter. Die Mutter teilt ihre Einkäufe so ein, daß sie während der Unterrichtspausen zu Hause ist und wartet dann neben dem Telefon auf Kurtis Anruf.

Der Bub braucht die Möglichkeit, seine zwanghafte Handlung, das Telefonieren, durchzuführen. Würde jemand versuchen, ihn daran zu hindern, würde seine Angst ins Unermeßliche steigen. Er würde wie ein gehetztes Tier herumirren und nach einem Telefon suchen. Es liegt die Vermutung nahe, daß auch die Mutter diese Anrufe des Sohnes braucht, sonst würde sie nicht so perfekt mitspielen. Vielleicht fühlt sie sich unbewußt schuldig für Dinge, die in der Vergangenheit geschehen sind, und versucht sich selbst von dieser Schuld freizukaufen, indem sie dauernd für ihren Sohn da ist, indem sie also in diesem Spiel mit der Angst eine der beiden Hauptrollen übernimmt .

Es würde den Rahmen dieses Bandes sprengen, würde ich mich zu umfangreich mit der Neurosenlehre befassen. Es sei aber zum besseren Verständnis gesagt, daß der neurotischen Angst ein Konflikt zugrunde liegt, der sich zwischen dem Es (den offenen und heimlichen Wünschen und Triebansprüchen) und dem Über-Ich (jene Instanz in uns, die bestimmt, was getan werden darf, soll und muß, bzw. was verboten ist) abspielt. Wie bereits erwähnt, erfolgt die Entwicklung des Über-Ich in den ersten Lebensjahren, wenn das Kind die Forderungen, Gebote und Verbote der Eltern annimmt und zu seinen eigenen macht. Wenn dieses Über-Ich nun extreme Forderungen übernimmt und das Es somit dauernd unter Druck hält, oder wenn das Über-Ich uneinheitliche Forderungen stellt, die einander im Grunde genommen widersprechen und somit dem Es kein klarer Gegenpart ist, dann kommt es zwischen dem Es und dem Über-ich zu

Konflikten, die dem Ich angst machen. Diese Angst wiederum erzwingt vom Ich Handlungsweisen, welche die Angst erträglich machen.

Versuchen wir dies am konkreten Beispiel ein wenig zu verdeutlichen. Es genügt wahrscheinlich nicht, für dieses zwanghafte Telefonieren ein einziges traumatisierendes (seelisch verletzendes, schockierendes) Erlebnis als Ursache anzunehmen. Es könnte aber sein, daß eine Trennung von der Mutter das Kind einmal in Angst und Schrecken versetzt hat. Dabei muß es sich nicht einmal um eine reale Situation gehandelt haben wie zum Beispiel: Ein Kind wacht nachts auf, weint, schreit, und niemand ist da, die Eltern sind fortgegangen. Ein solches einmaliges Erlebnis würde dem Kind zwar angst machen, es würde jedoch keineswegs ausreichen, um ein Kind zu neurotisieren. Es könnte aber sein, daß sich das Kind in einer Zorn- und Trotzsituation den Tod der Mutter gewünscht hat, das heißt, sich die strafende, übermächtige Mutter einfach weggedacht, sie in seiner Phantasie beseitigt hat. In der Phase des magischen Welterlebens hält ein Kind sich durchaus für mächtig genug, verschwinden zu lassen, was ihm unliebsam ist, und es anschließend wieder „herzuzaubern".

Diese Phantasie des Kindes könnte in der Realität eine Entsprechung gefunden haben, die Mutter könnte für ein paar Tage krank oder verreist gewesen sein. Das Kind könnte nun meinen, am Verschwinden der Mutter schuld zu sein – ein unerträglicher Gedanke, den das Kind sich versagen muß. Das Wiederherbeizaubern hat offenbar nicht funktioniert. Das Kind verdrängt nun die teils phantasierte, teils erlebte Situation und macht genau das Gegenteil, um diese Gedanken nur ja nie wieder wach werden zu lassen: Es trennt sich überhaupt nicht mehr von der Mutter, und in räumlichen Trennungssituationen stellt es die Verbindung sofort wieder per Telefon her.

Eine dermaßen heftige Reaktion auf dieses zufällige Zusammentreffen von Phantasie und Realität setzt eine sehr ängstliche Tönung des Lebensgefühls voraus, die bereits im Säuglingsalter entstanden ist. Annemarie DÜHRSSEN spricht davon, „daß das gesamte Lebensgefühl eines kleinen Kindes erworbenerweise die Tönung ängstlich-beunruhigter Erregtheit erhält, wenn frühe Eindrücke überwiegend Angst, Unruhe und Mangelerlebnisse mit sich brachten"[6]. Aus dieser Zeit könnten auch die oben erwähnten Schuldgefühle der Mutter stammen, die in dem Zusammenspiel von Mutter und Kind eine große Rolle spielen.

Weder die Mutter noch das Kind können allein einen Weg aus dieser Situation finden. In diesem Fall sind keine Ratschläge zur Selbsthilfe oder zur Hilfe durch andere Familienmitglieder möglich. Die einzige Chance in einem so schwerwiegenden Fall liegt in der Bereitschaft, sich einem erfahrenen Therapeuten anzuvertrauen, der in langwieriger analytischer Arbeit die Hintergründe erhellen und das Verdrängte wieder ins Bewußtsein von Mutter und Kind zurückbringen kann. Nur dann wird es für Kurti in Zukunft möglich sein, die Mutter zu verlassen, ohne sie sofort anzurufen.

Wenn ein Kind vergangene Ereignisse und Phantasien verdrängen muß, wenn es sich also nicht mehr erinnern kann, ohne enorme Angst zu bekommen, entwickelt es Symptome, die ihm helfen (so wie Kurti zum Beispiel dauernd telefoniert). Wenn er so handelt, als könne er ohne die Mutter nicht mehr leben, kann die frühere

---

[6] *Dührssen, Annemarie:* Psychogene Erkrankungen bei Kindern und Jugendlichen. Göttingen [9]1972, Seite 54.

Phantasie, die Mutter sollte für immer verschwinden, nicht mehr ins Bewußtsein dringen. Dann ist die Welt für dieses Kind in Ordnung. Wenn ein solches Kind daran gehindert wird, seine Zwangshandlung durchzuführen, wächst wieder die Angst, eine unbestimmte Angst, weil die Ursache nicht mehr präsent ist. Beobachten Eltern bei ihrem Kind, daß es starke Angst entwickelt, wenn man ihm etwas verbietet, was es sehr häufig tut, und wenn das Kind noch dazu nicht sagen kann, wovor es eigentlich Angst hat, weil es diese verdrängt hat, liegt der Verdacht nahe, daß diese Angst und die lindernden Symptome neurotischen Ursprungs sind.

Erzieherische Maßnahmen sind in einem solchen Fall völlig sinnlos, einem neurotischen Kind kann man noch so viel versprechen, es kann auf sein Symptom nicht verzichten. bestenfalls kann es ein Symptom durch ein anderes ersetzen. An den Ursachen des Symptoms hat sich dadurch nicht das geringste geändert. Selbsthilfe ist in diesem Fall nicht möglich. Je länger Eltern damit zuwarten, die Hilfe eines Therapeuten in Anspruch zu nehmen, desto größer werden die Probleme, die das Kind hat. Solche Kinder fallen durch ihr andersartiges Verhalten in der Schule auf, sie werden oft gehänselt, haben keine Freunde, sie werden zu Außenseitern der Gesellschaft und leiden zusätzlich unter dieser Isolation. Je später ihnen geholfen wird, desto schwieriger gestaltet sich ihre Reintegration in die Gemeinschaft Gleichaltriger.

Phobien

Eine Spezialform der neurotischen Entwicklung stellt die Phobie dar, die Angst, die in bestimmten Situationen ständig auftritt, obwohl die Situation als solche keinen ängstigenden Charakter hat. Am häufigsten sind phobische Ängste vor Tieren.

„Der einfache, psychologische Hintergrund solcher Affektassoziationen ist immer der, daß das gefürchtete Tier einmal entweder selbst außerordentlich ängstigenden Charakter hatte oder zufällig in einer aus anderen Gründen ängstigenden Situation anwesend war."[7]

Geblieben ist also nicht die Erinnerung an eine konkrete Situation, sondern an ein starkes Angstgefühl.

Ein kleines Kind, das einmal von einem großen Hund erschreckt wurde – und für ein im Park krabbelndes Kleinkind ist jeder Hund groß, dessen Kopf sich plötzlich über dem Kind bewegt, selbst wenn das Tier nur gute Absichten hat –, das in diesem Moment vielleicht auch noch zusätzlich die Mutter nicht sofort erblicken konnte und nicht gleich getröstet wurde, kann vor Hunden im allgemeinen oder sogar vor allem Fellartigen große Angst entwickeln. Ein solches Kind reagiert panisch auf Hunde und alle ähnlichen Tiere, es versucht jede Nähe zu meiden. Die Angst kann so weit gehen, daß sie sich auch auf den Pelzmantel der Mutter oder auf Stofftiere bezieht. Auch hier ist therapeutische Hilfe angebracht. Alle Erklärungen, daß der Hund nicht beißt, nützen nichts. Alle Versuche, das Kind mehr oder weniger gewaltsam zum Streicheln eines Tieres zu bewegen, erhöhen die Angst. Ein positives Erlebnis mit Tieren läßt sich so nicht vermitteln.

Wenn ein Kind nicht in die Schule gehen will und Angst vor dem Schulbesuch bekundet, wird immer wieder der Begriff *Schulphobie* gebraucht. Analog zum oben

[7] Ebenda, Seite 229.

Gesagten bedeutet „Schulphobie", daß die Schule als solche ängstigenden Charakter hat und diese Angst immer neu auflebt, wenn das Kind das Schulgebäude betritt. Oder es ist innerhalb der Schule etwas Angstmachendes geschehen, das verdrängt worden ist, während die Angst sich auf die Schule übertragen hat. In den fünfzehn Jahren unserer sozialpädagogischen Praxis ist uns allerdings noch kein einziger Fall begegnet, in dem wir die Weigerung, den Unterricht zu besuchen, auf eine Phobie hätten zurückführen können. Was auf den ersten Blick wie eine klassische Schulphobie aussehen mag, hat oft ganz andere Ursachen.

An dieser Stelle soll ein Fallbeispiel verdeutlichen, daß die Ursachen für die Schulverweigerungen auch außerhalb der Schule liegen können.

Eine verzweifelte Mutter kommt mit ihrer zehnjährigen Tochter zu mir in die Beratungsstelle. Susanne geht seit zwei Wochen nicht mehr in die Schule. Sie war bisher eine brave, fleißige Schülerin, ein ruhiges, sehr schüchternes Mädchen, dem Aggressionsausbrüche fremd waren. Eines Morgens begleitete die Mutter Susanne wie jeden Tag zur Schule und wollte anschließend mit dem kleinen Bruder einkaufen gehen. Vor dem Schultor jedoch klammerte sich Susanne am Wagerl ihres Bruders fest, sie weinte und schrie und war durch nichts dazu zu bewegen, das Schulhaus zu betreten. Auf die Frage nach dem Grund sagte sie nur immer wieder: „Ich hab' Angst, ich hab' Angst!" Eltern und Lehrerin überlegten, was geschehen sein könnte, doch es fiel ihnen nichts ein, niemand hatte Susanne etwas getan. Schließlich machte die Lehrerin den Vorschlag, die Mutter solle das Mädchen in die Schule begleiten. An der Hand der Mutter betrat Susanne auch bereitwillig das Schulhaus. Solange die

Mutter in der Klasse blieb, war auch Susanne zum Bleiben bereit, sobald sich die Mutter aber anschickte zu gehen, klammerte Susanne sich an ihr fest und jammerte, daß sie schreckliche Angst habe. Der Mutter und der Lehrerin gelang es nicht, Susanne in der Schule zu halten. Die übergroße Angst des Mädchens war für alle deutlich sichtbar, sie kam niemandem gespielt vor.

Beim Erstgespräch in der Beratungsstelle zeigt sich ein ähnliches Bild. Susanne sitzt eng an ihre Mutter gekuschelt. Das Angebot, sich während des Gesprächs mit der Mutter in der Beratungsstelle umzusehen und zu spielen, lehnt sie mit einem Kopfschütteln ab. Ein Erstgespräch mit dem Mädchen ohne Mutter ist nicht möglich, wenn die Mutter den Raum verläßt, geht sie mit.

Sehr rasch wird deutlich, daß die Angst dieses Mädchens nicht das geringste mit der Schule zu tun hat, sondern daß in der Beziehung zwischen Mutter und Kind etwas geschehen sein muß, was als Ursache für die Schulverweigerung, die grundsätzlich eine Trennungsverweigerung ist, angesehen werden muß.

Die weitere Arbeit mit Mutter und Kind ergibt, daß sowohl Susanne als auch ihre Mutter allgemein sehr rasch zu Angstreaktionen neigen. Die diffuse Ängstlichkeit der Mutter hat sich von Geburt an auf das Kind übertragen. Die Beziehungsprobleme, welche die Eltern von Susanne schon seit Jahren nicht mehr verheimlichen können, haben die Angst vor dem Verlust eines geliebten Elternteils ständig wachgehalten. Deshalb fiel ein Satz, der während eines Streites von der Mutter zum Vater gesagt wurde, bei Susanne auf fruchtbaren Boden: „Einmal wirst du heimkommen, und ich werde nicht mehr da sein!" Die Eltern hatten geglaubt, die Kinder würden schlafen und von ihrem Streit nichts hören.

Doch Susanne hatte ihn gehört und auf ihre Weise die Konsequenzen gezogen. Ihr sollte das nicht passieren, daß sie von der Schule heimkam, und die Mutter wäre nicht mehr da. Unklar blieb bis zum Schluß, ob Susanne Angst hatte, die Mutter könnte einfach weglaufen, oder ob sie fürchtete, die Mutter würde sich umbringen. Die Mutter gab zu, Äußerungen über die Sinnlosigkeit ihres Lebens öfter auch vor den Kindern gemacht zu haben. Wahrscheinlich waren beide Möglichkeiten für Susanne in gleicher Weise ängstigend.

Die Eltern von Susanne trennten sich, die Kinder blieben bei der Mutter, an den Besuchswochenenden holte der Vater sie zunächst nicht weg von der Mutter, sondern kam zu ihnen auf Besuch. Für Susanne war wieder Klarheit und Sicherheit eingekehrt, sie mußte keine Angst mehr haben, die Mutter würde vor ihr und dem Vater weglaufen. Problemlos konnte sie wieder in die Schule gehen, was sie im Leistungsbereich versäumt hatte, konnte sie bald wieder nachholen.

In diesem Fall wäre eine rasche Problemlösung ohne therapeutische Hilfe nicht möglich gewesen. Die Eltern hätten sich wohl auch ohne Therapeutin trennen können und somit Klarheit in ihrer Beziehung geschaffen. Die Bewältigung der Ängste von Susanne aber bedurfte eines therapeutischen Rahmens. Zunächst im therapeutischen Spiel und dann in der Realität konnte sie die Krisensituation zu einem positiven Ende führen.

Dieses Beispiel soll verdeutlichen, wie vorsichtig mit der Diagnose bei Schulverweigerungen umgegangen werden muß. Was auf den ersten Blick wie eine klassische Schulphobie aussieht, entpuppt sich bei näherem Betrachten als Verlustangst.

Psychotische Angst

Die extremste Form der Angstbesetztheit erleben wir bei *psychotischen* Kindern und Jugendlichen. Kurti konnte seine Angst mildern, wenn er mit seiner Mutter telefonierte, Susanne hatte weniger Angst, wenn die Mutter bei ihr war. Die Angst des psychotischen Kindes ist nicht situationsbezogen, sondern allumfassend. Angst ist die einzige Gefühlsregung, deren ein schwer psychotisches Kind fähig ist.

„Als psychotisch bezeichnete Zustände bei Kindern, Jugendlichen und Erwachsenen sind nach psychoanalytischem Verständnis Folge früher existentieller Bedrohungen und psychischer Beeinträchtigungen, durch die die Entfaltung der seelisch-geistigen Kräfte blockiert ist, ursprüngliche Lebensinteressen nicht adäquat zur Geltung gelangen. So betroffenen Personen gelingt es nicht, vertrauensvolle Beziehungen zu anderen Menschen einzugehen und wachsende Fähigkeiten zur Lebensbemeisterung auszubilden. Einerseits versuchen sie, früheste Erlebnisse von Verschmelzung und Harmonie aufrechtzuerhalten, andererseits fühlen sie sich bedroht und qualvoller Verlassenheit ausgeliefert. (...) So wird die Außenwelt weniger als solche wahrgenommen, sondern im Sinne unerfüllter Sehnsucht oder unerträglicher Leiden deformiert. Damit entspricht die Entfremdung von der äußeren Wirklichkeit auch der von der inneren."[8]

Der ängstlichste Mensch, der mir jemals begegnet ist, war ein psychotischer Jugendlicher. Die Mutter bat mich –

---

[8] *Becker, Hellmut/Leber, Aloys:* Vorwort. In: psychosizial 37/1989, Seite 5.

leider sehr spät – um Hilfe. Der sechzehnjährige Helmut
saß bereits seit Monaten fast nur zu Hause herum. Er tat
nichts anderes als Radio hören und fernsehen. Den Vater
schilderte die Mutter als sehr strengen, aggressiven Men-
schen. Früher hatte er seinen Sohn durch Schimpfen
und Schreien aktivieren können. In letzter Zeit nützte
auch das nichts mehr. Helmut zog sich immer mehr in
sich zurück, er erwiderte Aggression nicht mit Gegenag-
gression, sondern nahm eine ängstlich geduckte Haltung
ein und antwortete auf alle Vorschläge mit „Das brauch'
ich nicht, das will ich nicht!"

Es gelang der Mutter, ihren Sohn dazu zu überreden,
mit ihr im Auto zu meiner Beratungsstelle zu fahren. Er
weigerte sich jedoch auszusteigen und heraufzukom-
men. Im Auto saß, grau im Gesicht, mit hängenden
Schultern und gesenktem Kopf, fast kugelig in sich zu-
sammengerollt, ein Häufchen Angst. Stereotyp wieder-
holte er: „Ich brauche keine Hilfe, mir geht es gut."

Daß das nicht stimmte, war eindeutig, und trotzdem
gab es in dieser Situation keine Möglichkeit, ein Hilfsan-
gebot zu machen, das von Helmut freiwillig angenom-
men werden konnte. Die Angst des Burschen war so
mächtig, daß sie alles überlagerte, jede Aktivität hemmte
und somit jeden Ausstieg aus dieser Situation verhin-
derte. Nach Absprache mit einer Neuropsychiatrischen
Klinik für Kinder und Jugendliche wurde Helmut gegen
seinen Willen in die Klinik eingewiesen, da sein Zustand
lebensbedrohende Formen angenommen hatte. Mit Hilfe
von Medikamenten mußte zuerst die Angst so weit
reduziert werden, daß weitere Gespräche und therapeu-
tische Arbeit überhaupt ermöglicht wurden.

Ein Weg aus dieser Krise kann nur mit ärztlicher Hilfe
gefunden werden. Etwas sehr Wesentliches kann jedoch

auch die Familie dazu beitragen. Sie kann dem Kind Liebe entgegenbringen, obwohl ein solcher Mensch sich selbst nicht als liebenswert begreift und auch nicht fähig ist, von sich aus Liebe an andere zu geben. Dieses einseitige Geben ohne die Gewißheit, daß das Gegebene auch genommen werden kann und ohne daß dafür gleich etwas zurückkommt, muß nicht allein auf die therapeutische Situation beschränkt sein.

Psychotisch bedeutet nicht zwangsläufig still und in sich zurückgezogen. Eine andere Form der Angstbewältigung geschieht durch *phantastische Kompensation*. Die Angst kann dadurch erträglich gemacht werden, daß der Jugendliche in völlig realitätsfremder Weise Macht und Stärke phantasiert, sich dementsprechend kleidet und Geschichten erfindet, die ihn als ungemein aggressiv und brutal darstellen. Ein solcher psychotischer Grenzfall ist Michael.

Würde einem Michael nachts allein in einer dunklen Gasse begegnen, wäre man mit ihm spätabends allein in der U-Bahn, würde fast jeder Angst oder zumindest Unbehagen verspüren, würde vielleicht die Handtasche fester an sich pressen, würde überlegen, bei der nächsten Station auszusteigen, würde vermeiden, ihn auffällig anzusehen, um ihn nur ja nicht zu provozieren. Michael ist von Kopf bis Fuß schwarz gekleidet, schwarzer, breiter Ledergürtel, enge Hose, viel zu großes Hemd, die Ärmel aufgestreckt (zu jeder Jahreszeit), breites, schwarzes Stirnband. Im Gürtel stecken Messer und Schlagstock. Das Hemd ist so gebauscht, daß man nicht weiß, was da alles drinnen steckt (Schlagring, Pistole, Butterfly). Die Unterarme sind tätowiert mit asiatischen Schlangenmustern. Ein kleiner, wendiger, schwarzer Panther, stets geduckt und zum Sprung bereit.

Michael ist jetzt siebzehn Jahre alt, seit langem wohnt er nicht mehr zu Hause. Während der letzten vier Jahre hat er nicht gearbeitet und auch keine Schule besucht. Trotzdem ist er ständig schwer beschäftigt. Er erzählt mir viel von seiner Arbeit. Grundvoraussetzung für seine Tätigkeit ist das regelmäßige Training. Auf einem geheimen Grundstück am Stadtrand von Wien (ich gehöre zu den besonders guten Freunden und weiß daher die ungefähre Lage) trifft er seine Leute von einer geheimen Organisation. Schießen, Messerwerfen, Karate und Konditionstraining gehören zum täglichen Programm. Würde James Bond einen ebenbürtigen Partner suchen, dort könnte er ihn finden. Ein Sprung aus einem Fenster im achten Stock ist selbst für Stuntmen nicht ohne technische Hilfsmittel möglich. Für Michael schon, das ist alles nur eine Frage des Trainings und der Konzentration. Michael weiß, wovon er spricht, denn er ist schon gesprungen und lebt immer noch.

Seine Freunde sehen in ihm einen Beschützer. Wenn sie in Schwierigkeiten geraten, dann ist er stets da. Sie brauchen ihn nicht einmal anzurufen (wo denn auch, Handy hat er keines), er spürt das, wenn ihn ein Freund braucht. Ein Kampf mit ihm ist für die Feinde seiner Freunde praktisch nicht zu gewinnen. Wenn er zu mir kommt, ist er stets unverletzt, egal, welche Abenteuer er gerade hinter sich gebracht hat – wie James Bond.

Gemeinsam mit der Polizei ist er zur Zeit gerade damit beschäftigt, die Drogenszene der Stadt in den Griff zu bekommen. Ich muß ihm regelmäßig mein Telefon zur Verfügung stellen, damit er in Kontakt bleiben kann mit seinen Mittelsmännern bei der Polizei und in der Unterwelt. Ein besonderer grüner Ausweis kennzeichnet ihn als Spezialmitarbeiter der Polizei. Er ist der einzige Jugendliche in der ganzen Stadt, der einen solchen Ausweis hat. Normalerweise bekommen den nur lang-gediente Kriminalbeamte mit diversen Spezialausbildungen.

Termine kann er oft nicht einhalten, wenn er gerade einen Verbrecher verfolgt oder in einen Kampf mit den stärksten Männern aus der Unterwelt verwickelt ist. Für seine Freunde und für die Gerechtigkeit setzt er täglich sein Leben aufs Spiel.

So präsentiert Michael sich. Ganz anders, als sich die Realität für mich präsentiert. Michael hat keine Freunde, die meiste Zeit des Tages verbringt er allein. Er geht und fährt in der ganzen Stadt spazieren. Mit den Waffen kann er nicht umgehen, Karate kennt er nur aus Filmen. Wenn ein anderer Bursche ihn zu einer Rauferei provozieren will, findet er eine Ausrede, warum er nicht kämpft oder warum er sofort gehen muß. Wettspielen (Gewehrschießen, Darts) entzieht er sich. Vor der Polizei hat er Angst.

Michael ist als Baby von seiner Mutter verlassen worden. Der Vater stand nur sporadisch zur Verfügung. Eine sehr alte Großmutter zog ihn so recht und schlecht auf. Diverse Freundinnen des Vaters spielten kurzfristig die Mutterrolle, machten ihm Hoffnungen und ließen ihn dann wieder fallen.

In der Realität ist er immer wieder enttäuscht und verraten worden. Tragfähige Beziehungen kann er keine eingehen. Die Freunde, von denen er mir erzählt, die verraten ihn nie, hier gilt das Prinzip der Musketiere „Einer für alle, alle für einen." Hätte er nicht diese Freunde, für die er kämpft, prügelt und wenn notwendig auch mordet, würde er vor Angst umkommen.

Psychosomatische Erkrankungen

Manche Kinder versuchen, ihre Angst in Krankheit zu verpacken. Das Fachgebiet der *psychosomatischen Erkrankungen* ist sehr weitläufig, es gibt bereits Fachkliniken, die sich nur mit diesem Bereich befassen. Ständige Kopfschmerzen, Erbrechen, Durchfall, Allergien und vieles mehr können physische (körperliche) Ursachen haben, sie können aber auch psychisch (seelisch) bedingt sein. Ich kann in diesem Rahmen das Wesen der psychosomatischen Erkrankungen nicht im Detail darlegen, mehr als ein Buch wäre damit zu füllen. Psychosomatische Erkrankungen sind zudem nur von Fachleuten, nicht von der Familie behandelbar. Ein Hinweis darauf, mit einem Kind eine Fachklinik aufzusuchen, sollte es aber sein, wenn ein Kind regelmäßig an derselben Krankheit leidet. Zumindest sollte mit dem Kinderarzt oder mit dem Hausarzt, der die Familie oft recht gut kennt, eine solche Möglichkeit diskutiert werden.

Die achtjährige Maria wurde mit ihrer Mutter vom Kinderarzt zu mir geschickt. Seit mehr als einem Jahr litt sie unter ständigen Kopfschmerzen. Begonnen hatten die Schmerzen mit einer sehr starken Verkühlung und einer Stirnhöhlenvereiterung. Maria war damals mehrere Wochen im Spital, Eiter wurde ihr abgesaugt, aber das Fieber wollte lange Zeit nicht sinken, und auch die Schmerzen blieben bestehen. Als sie fieberfrei war, wurde Maria trotz Schmerzen zur Mutter nach Hause entlassen. Die Kopfschmerzen wurden schwächer, vergingen aber nie ganz.

Maria gewöhnte sich daran, mit einem ständigen leichten Schmerz im Kopf zu leben. Sie konnte lachen wie andere gesunde Kinder. In regelmäßigen Abständen, etwa alle zwei Monate, kamen die starken Schmerzen wieder. Maria konnte abends nicht mehr einschlafen, so sehr schmerzte sie der Kopf. Die Mutter konsultierte mit ihr einen Arzt nach dem anderen, doch alle Befunde waren negativ: keine neue Stirnhöhlenvereiterung, keine verengten Venen, keine Wirbelsäulenanomalien, kein Turmor, kein Liquoraustritt im Wirbelsäulenbereich – nichts. Die Ärzte zogen alle möglichen Ursachen in Betracht, doch ohne Ergebnis. Es blieb nur mehr die Möglichkeit offen, daß es sich bei Marias Kopfschmerzen um ein psychisches Problem handelte. Ich sollte nun die Ursache dafür herausfinden.

Die Arbeit mit der Mutter und dem Mädchen zog sich über mehr als zwei Jahre hin. Die Gespräche mit der Mutter und die Spiele mit dem Mädchen machten das Entstehen dieser für das Kind unerträglichen Situation erklärbar. Die Mutter stammte aus einer Familie, in der das Wort „Liebe" nie gebraucht wurde. Zärtliche Umarmungen gab es für sie als Kind nie. Sie konnte sich nicht daran erinnern, von ihrer eigenen Mutter jemals gestreichelt oder geküßt worden zu sein. Nur der Vater hatte sie berührt, hatte sie auf brutale Weise mißbraucht. Die Mutter war daneben im Bett gelegen und hatte nichts dazu gesagt.

Ausgestattet mit einem Höchstmaß an Pflichtgefühl und einem Mindestmaß an Zärtlichkeit stürzte sie sich als junges Mädchen in eine übereilte Beziehung – dort hoffte sie zu bekommen, was ihr bisher verwehrt wurde. Die junge Frau wurde aber nur wieder schamlos ausgenutzt, sexuell und finanziell. Als sie schwanger wurde, ließ der Mann sie sitzen. Als pflichtbewußte Mutter trug sie das Kind aus, konnte jedoch nie wirklich Freude empfinden an der Geburt ihres Kindes. Sie hatte viel gelesen und wußte aus Büchern, was ein Kind zum guten

Gedeihen braucht. Dieses Bücherwissen wollte sie an Maria weitergeben. Was sie zu geben hatte, war theoretisches Wissen, aber kein wirkliches Gefühl. Was die Frau spüren konnte, war Neid, weil ihre Tochter vermeintlich das bekam, was sie sich immer gewünscht hätte, ihr dafür aber keine Zärtlichkeit zurückgab. Wie hätte sie auch sollen, schließlich war für das kleine Mädchen das, was die Mutter ihr vermittelte, nie als Zärtlichkeit spürbar.

Wenn Maria krank war, bekam die Mutter ein schlechtes Gewissen. Sie fühlte sich schuldig, hatte Angst, alles falsch gemacht zu haben, hatte Angst, ihre Tochter zu verlieren. Diese Verlustangst der Mutter konnte das Mädchen für sich als Liebe interpretieren. Auch hauptsächlich über den Kopf, denn was man gernhat, das will man nicht hergeben, Maria wußte das von ihren Spielsachen. Wenn die Mutter sie nicht an den lieben Gott hergeben wollte, dann mußte sie sie doch ein bißchen gernhaben. Maria brauchte somit die Schmerzen, um sich zu vergewissern, daß die Mutter sie gernhatte. Die Mutter brauchte die leidende Tochter, um sich wieder ihrer Pflicht zu besinnen und zu wissen, daß sie ohne das Kind nicht leben wollte. Der Neid, den sie ihr gegenüber empfand, trat dann in den Hintergrund.

Langsam, sehr langsam, lernten Mutter und Kind einander zu spüren, wohlige Wärme und nicht unangenehme Pflicht zu spüren, wenn sie einander berührten. Langsam lernten sie wirkliche Zärtlichkeit für sich und füreinander zu empfinden. Ganz läßt sich das Versäumte nie nachholen, aber ein erster Schritt des Näherkommens wurde gemacht. Wie nahe die beiden einander jemals kommen können, wird die Zukunft zeigen.

Maria wird es aber als Kinder sicher schon um ein ganzes Stück leichter haben, als ihre Mutter es heute

hat. Tatsache ist, daß Marias Kopfschmerzen stark abge-
nommen haben. Sie sind noch nicht ganz weg, gelegent-
lich werden sie auch wieder etwas stärker, aber sie
haben sich in den letzten zwei Jahren nie mehr bis ins
Unerträgliche gesteigert. Maria und ihre Mutter haben
noch einen langen, gemeinsamen Weg vor sich.

Psychosomatische Erkrankungen sind nicht zu verwech-
seln mit dem sprichwörtlichen Bauchweh vor der Prüfung. Natürlich hat auch das Bauchweh, die Übelkeit
psychische Ursachen, Prüfungen stellen eine mehr oder
weniger große seelische Belastung dar, denn niemand
versagt gern. Die Übergänge zwischen normalem Bauchweh und einer psychosomatischen Erkrankung sind
fließend, eine klare Grenze normal / krank kann nicht
gezogen werden. Als Faustregel könnte aber gelten: Wer
trotz Bauchweh eine gute Prüfung schafft, der ist nicht
krank. Wen Bauchweh und Übelkeit in seinen Leistungen ein wenig beeinträchtigen, dem fehlt es zumeist an
Selbstwertgefühl, das mit Lob und Ansporn seitens der
Eltern und Lehrer und mit tatsächlich bewältigbaren
Aufgabenstellungen erhöht werden kann. Ist die Beein-
trächtigung so massiv, daß ein Kind keine entsprechenden Leistungen mehr erbringen oder vielleicht an Prü-
fungstagen trotz fleißigen Lernens nicht in die Schule
gehen kann, dann ist ein Arzt zur Rate zu ziehen. Von
Medikamenten ist in jedem Fall abzuraten. Ein gesundes
Kind braucht sie nicht, und einem psychosomatisch
kranken Kind helfen sie nicht.

Nachwort

Nach der Lektüre dieses Buches könnte leicht der Eindruck entstehen, daß nur Kinder vor ihren Eltern und Lehrern Angst haben, daß nur Kinder fürchten müssen, von ihren Eltern verlassen zu werden. So sind meine Ausführungen jedoch nicht gemeint.

Eltern haben auch Angst vor ihren Kindern und Angst um ihre Kinder, Lehrer haben Angst vor der nächsten Unterrichtssunde. Erwachsene haben Angst vor randalierenden Kindern und Jugendlichen. Kinder haben Angst vor Kindern.

Immer größer wird die Zahl jener Lehrer, die mit großem Unbehagen an den nächsten Schultag denken, die häufig krank sind und zu Hause bleiben müssen, die in Frührente gehen oder sich einen anderen Job suchen. Ursache dafür ist oft Angst vor den Schülern, die den Lehrer mißachten, die durch verbale und körperliche Aggressionen dem Lehrer und den Mitschülern gegenüber ein Vortragen des Lehrstoffes nahezu unmöglich machen. Es gibt Schüler, über deren Fernbleiben sich Lehrer mehr freuen als über deren Anwesenheit.

Lehrer haben Angst vor Schülern, die ihrerseits ein Leben lang mit ihrer eigenen Angst zu kämpfen hatten und die den Weg der Aggression gewählt haben, um ihre Kindheitsängste ertragen zu können. Lehrer aller Altersstufen sind davon betroffen. Es gibt Lehrerinnen und Lehrer, die ihren Heimweg von der Schule nie allein antreten, sondern immer in Begleitung eines Kollegen oder einer Kollegin – aus Angst vor den Schülern. Diese Angst ist nicht leichter erträglich als die Angst der Kinder.

Vor allem alte Menschen haben Angst in Parkanlagen, in einsamen Gassen und in öffentlichen Verkehrsmitteln, wenn sie einer Gruppe von laut agierenden Kindern oder Jugendlichen begegnen. Diese wiederum haben Angst vor Erwachsenen, vor Eltern, Lehrern, Polizei, Richtern. Sie spielen mit ihrem Randalieren das Spiel „Wir haben keine Angst". Sie spielen sehr gut, denn viele glauben ihnen, zumal manche im Bedarfsfall auch nicht davor zurückschrecken, alte Menschen zu attackieren oder ihnen die Handtasche zu entwenden. Jeder einzelne von ihnen kommt fast um vor Angst, doch wenn sie sich zu Banden zusammenschließen, dann machen sie denen angst, vor denen sie selbst Angst haben.

Mütter fürchten sich vor ihren halbwüchsigen Kindern. Mütter und manchmal auch Väter werden von ihren Kindern geschlagen, die, als sie noch kleiner waren, von ihren Vätern, Müttern, Stiefvätern, Stiefmüttern und Geschwistern geschlagen wurden. Väter und Mütter haben Angst, daß sie von ihren Kindern verraten werden. „Wenn du mich schlägst, dann geh ich zur Polizei!" Eltern haben Angst, von ihren Kindern nicht geliebt zu werden. Bei Scheidungen versucht ein Elternteil oft, ein Kind für sich einzunehmen. Plötzlich will ein Kind den Vater / die Mutter nicht mehr sehen. Kinder drohen: „Wenn ich das bei dir nicht darf (nicht bekomme), dann ziehe ich lieber zum Papa (zur Mama)!"

Eltern haben nicht nur Angst vor ihren Kindern, sie haben auch Angst um ihre Kinder. Haben sie in der Erziehung alles richtig gemacht? Wird etwas aus ihren Kindern? Werden sie gesund bleiben oder werden? Werden sie sich nicht in große Gefahr begeben, ohne daß die

Eltern sie schützen können? Werden sie nicht später einmal in schlechte Gesellschaft geraten, vielleicht gar in der Rauschgiftszene landen? Werden sie immer wieder den Weg zurück zu ihren Eltern finden?

Die Liste jener Ängste, die Erwachsene um ihre Kinder auszustehen haben, kann nicht vollständig sein, das soll nicht vergessen werden, daß auch Erwachsene einmal Kinder waren und daß Kinderangst und Erwachsenenangst nicht weit voneinander entfernt sind. Kinder und Erwachsene leiden gleichermaßen, wenn sie der Angst machtlos gegenüberstehen.

Wenn Erwachsene bereit sind, sich ihre eigenen Ängste einzugestehen, sich damit auseinanderzusetzen, dann wird es ihnen leichter fallen, die Ängste ihrer Kinder zu verstehen.

Literatur

Aichhorn, August: Verwahrloste Jugend. Die Psychoanalyse in der Fürsorgeerziehung. Bern 1951

Balint, Michael: Angstlust und Regression. Reinbeck bei Hamburg 1959

Cube, Felix v./Alshut, Dietger: Fordern statt Verwohnen. Die Erkenntnisse der Verhaltensbiologie in Erziehung und Führung. München [3]1988.

Dührssen, Annemarie: Psychogene Erkrankungen bei Kindern und Jugendlichen. Göttingen [9]1972

Ekstein, Rudolf: Grenzfallkinder. Klinische Studien über die psychoanalytische Behandlung von schwer gestörten Kindern. München/Basel 1973

Flitner, Andreas: Konrad, sprach die Frau Mama ... Über Erziehung und Nicht-Erziehung. München [5]1985

Freud, Sigmund: Hemmung, Symptom und Angst. Frankfurt am Main 1926

Fröhlich, Werner D.: Angst – Gefahrensignale und ihre psychologische Bedeutung. München 1982

Harbauer, Hubert: Kinder- und Jugendpsychiatrie. Köln [3]1984

Hartmann, Klaus Dieter: Vorurteile, Ängste, Aggressionen. Frankfurt am Main 1975

Jegge, Jürg: Angst macht krumm. Reinbeck bei Hamburg 1983

Kast, Verena: Wege aus Angst und Symbiose. Märchen psychologisch gedeutet. München [5]1987

Kielholz, Paul / Adams, Carlo: Die Vielfalt von Angstzuständen. Köln 1989

Kierkegaard, Sören: Der Begriff Angst. Frankfurt am Main 1984

Pühl, Harald: Angst in Gruppen und Institutionen. Frankfurt am Main 1988

Redl, Fritz: Erziehung schwieriger Kinder. München [2]1971

Riemann, Fritz: Grundformen der Angst. München [6]1961

Rowe, Dorothy: Jenseits der Angst. Die Überwindung destruktiver Gefühle. München 1989

Schatzmann, Morton: Die Angst vor dem Vater. Langzeitwirkungen einer Erziehungsmethode / Eine Analyse am Fall Schreber. Reinbek bei Hamburg 1978

Schmidbauer, Wolfgang: Erziehung ohne Angst. Eine Erziehungshilfe für Eltern. München 1974

Sheedan, David V.: Angst - die heimliche Krankheit. München [2]1983

Steiner-Fischer, Evelyne: Geschichten vom Mut-Haben und Mut-Brauchen. Wien 1985

Stoffer, Hellmut: Die Bedeutung der Kindlichkeit in der modernen Welt. München 1964

Winkel, Rainer: Pädagogische Psychiatrie für Eltern, Lehrer und Erzieher. München 1977

Zulliger, Hans: Die Angst unserer Kinder. Frankfurt am Main 1969

Positiv erziehen

Nancy Fuchs
Sonne für die Kinderseele
Spiritualität im Alltag
Band 5501

Mit Kindern wachsen! Der Alltag ist nicht nur Versorgen, Ermahnen, Anstrengung und Erschöpfung. Ein Buch mit vielen Anregungen für Eltern, denen es auch um die Seele ihrer Kinder geht.

Rudolf Dreikurs/Loren Grey
Kinder lernen aus den Folgen
Wie man sich Schimpfen und Strafen sparen kann
Band 4884

Ein Erziehungsstil, der Kindern frühzeitig dazu verhilft, eigenständige Erfahrungen zu sammeln und mit Freiheit richtig umzugehen.

Roswitha Defersdorf
Deutlich reden, wirksam handeln
Kindern zeigen, wie Leben geht
Band 4829

Damit Kinder ihren Weg eigenständig und erfolgreich gehen lernen brauchen sie Eltern, die eindeutig, klar und liebevoll sind.

Jamie Miller
Mit Kindern Werte entdecken
Spiele und Ideen
Band 4813

Vertrauen, Ehrlichkeit, Mut, Ziele haben, Dankbarkeit empfinden: Dies zu lernen ist wichtiger als Aufräumen oder Knöpfe annähen.

Armin Krenz
Was Kinderzeichnungen erzählen
Kinder in ihrer Bildersprache verstehen
Mit zahlreichen Abbildungen
Band 4801

Kinderzeichnungen geben Einblick in die Seele der Kinder. Ein wichtiger Schlüssel für Eltern zu der Welt der Farben und Symbole ihrer Kinder.

HERDER spektrum

Dorothy Law Nolte / Rachel Harris
Heute schon dein Kind gelobt?
19 gute Regeln für Eltern
Band 4790

Kinder lernen, was sie erleben und erfahren. Mit positiven Signalen geben Eltern ihren Kindern Ermutigung, Selbstvertrauen und klare Orientierung.

Daniela Liebich
Mit Kindern richtig lernen
Ein Ratgeber für Eltern
Band 4787

Spaß ist eine wesentliche Voraussetzung für erfolgreiches Lernen. Erklären und Ermahnen der Eltern verstärken eher den Druck. Die Autorin zeigt: Spielerisches Lernen löst Blockaden auf.

Ursula Henn
So kann mein Kind sich besser konzentrieren
Übungen und Hilfen für Schulkinder
Band 4785

Übungen, die Streß abbauen und zu innerer Ausgeglichenheit führen – und damit Aufmerksamkeit und Konzentrationsfähigkeit steigern. Für Kinder ab 5 und ihre Eltern.

Gisela Preuschoff
Was Mutter und Kind gut tut
Entspannen und verwöhnen
Band 4784

Einfach das Zusammensein genießen – mitten in der Alltagsroutine und im Familientrubel. Mal nicht „erziehen", sondern es sich gemeinsam so richtig gutgehen lassen …

Mark L. Brenner
Positiv erziehen
Konsequent bleiben, ohne autoritär zu sein
Band 4783

Wenn sie sich in ihrem Anliegen verstanden wissen und Alternativen sehen, können Kinder durchaus damit klarkommen, daß sie etwas nicht bekommen oder nicht dürfen. Brenner zeigt, wie das gelingt.

HERDER spektrum

Theo u. Julitta Schoenacker
Die Kunst, als Familie zu leben
Ein Erziehungsratgeber nach Rudolf Dreikurs
Band 4782

Kinder sind von klein an ernstzunehmende soziale Wesen. Wie man diese Anlagen entdeckt und eine entspannte Beziehung aufbaut, zeigt dieses Buch.

Uta Brückner / Heike Friauf
Hausaufgaben – kein Problem
Wie mein Kind es selber schafft
Band 4775

Mit diesem Buch können Eltern ihre Kinder so unterstützen, daß sie es immer besser schaffen und immer weniger Hilfe brauchen. Sachinformationen, lernpsychologische Hinweise, pädagogische Tips.

Jenny Alexander
„Das ist gemein!" – Wenn Kinder Kinder mobben
So schützen und stärken Sie Ihr Kind
Band 4770

Die Autorin berücksichtigt die praktische und die seelische Seite des Problems „bullying" und zeigt kreative und effektive Handlungsmöglichkeiten auf.

Ursula Henn
Entspannte Kinder – fit für's Leben
Phantasiereisen, Geschichten und Übungen
zum Ruhigwerden
Band 4750

Ein Buch auch für ungeübte Eltern und Kinder – mit Anleitungen für ein neues, positives Lebensgefühl.

Maria Montessori
Kinder richtig motivieren
Herausgegeben von Ingeborg Becker-Textor
Band 4749

Wie Sie Kindern die richtigen Impulse geben, damit dann alles wie von selbst geht, das zeigen diese Texte der großen Pädagogin.

HERDER spektrum

Marleen Noack
Schulerfolg leicht gemacht
Wie mein Kind das Lernen lernt
Band 4723

Die richtige Lernweise, eine gute Motivation und sinnvolle Tages-
planung geben dem Schulstress keine Chance mehr.

Hans Janssen
Kinder brauchen Klarheit
Wie Eltern Regeln finden und Grenzen setzen
Band 4699

Alltägliche und immer wiederkehrende Konflikte so lösen, daß keiner
dabei zu kurz kommt. Ein hilfreiches Buch für ein harmonisches Fami-
lienleben.

Janusz Korczak
Kinder achten und lieben
Hrsg. von Annelie Ölschläger
Band 4666

Was Kinder wirklich brauchen und wie Erwachsene gemeinsam mit
Kindern das Leben gestalten können. Ein Buch voll überraschender
Einsichten.

Peter Veith
Eltern nehmen Kinder ernst
Die 7-Schritte-Methode zur Lösung von Familienkonflikten
nach Rudolf Dreikurs
Band 4640

Ein leicht anwendbares Programm, das hilft, in Konfliktsituationen den
Bedürfnissen von Eltern und Kindern gerecht zu werden.

Michael Rohr
Freiheit lassen – Grenzen setzen
Wie Eltern Sicherheit gewinnen
und ihren Kindern Halt geben
Band 4618

Der kompetente Kinderarzt ermutigt Eltern, mit den Kindern zusammen das sensible Gleichgewicht zwischen Freiheit und Begrenzung
immer wieder neu zu finden.

HERDER spektrum